C.H.BECK  WISSEN

in der Beck'schen Reihe

W0072567

Erkenne dich selbst! Maßhalten ist das Beste! Viel hören, nicht viel reden! Fliehe die Lust, die Unlust gebiert! Freunde erwirb nicht rasch; die du aber hast, verwirf nicht rasch! Unbildung ist eine Last! Erkenne den rechten Augenblick! Einen Unwürdigen lobe nicht wegen seines Reichtums!

Diese und viele weitere Lebensweisheiten gelten bis auf den heutigen Tag – und sie alle stammen von den Sieben Weisen. Die Sieben Weisen erscheinen ausnahmslos als Vertreter einer ganz praktischen Lebensweisheit. Wenn auch ihre Sentenzen, Lieder und Gedichte noch nicht das für die spätere griechische Schulphilosophie typische hohe Reflexions- und Abstraktionsniveau erreichten, so bereiteten sie doch unmittelbar diese hochentwickelte ethische Philosophie der Griechen vor.

Johannes Engels erläutert in diesem Buch, wer alles zu den Sieben Weisen gezählt wurde, wann und wo sie lebten und wirkten, welche Geschichten man sich über sie erzählte, wie sie weit über die Antike hinaus einen festen Platz in unserem kulturellen Gedächtnis gefunden haben und welche Sprüche und Sentenzen wir bis heute mit ihnen verbinden.

Professor Johannes Engels ist Althistoriker und lehrt an der Universität zu Köln. Seine Forschungsinteressen bilden unter anderem die Hauptwerke antiker Geographen, griechisch-römische Weltbeschreibungen, die Rezeption antiker griechischer und römischer Universalhistoriker, die griechische Geschichte des 5. und 4. Jahrhunderts v. Chr., Begräbnissitten und Totenkult in der griechisch-römischen Welt, antike Redner und die Antikenrezeption bis zur Gegenwart.

Johannes Engels

DIE SIEBEN WEISEN

Leben, Lehren und Legenden

Verlag C.H.Beck

Mit zehn Abbildungen und einer Karte
(erstellt von Peter Palm, Berlin)

Originalausgabe
© Verlag C.H.Beck oHG, München 2010
Satz: Fotosatz Reinhard Amann, Aichstetten
Druck: Druckerei C.H.Beck, Nördlingen
Umschlagentwurf: Uwe Göbel, München
Umschlagabbildung: Tetradrachmon aus Athen,
Kunsthistorisches Museum, Wien.
© akg-images/Erich Lessing
Printed in Germany
ISBN 978 3 406 58785 6

www.beck.de

Inhalt

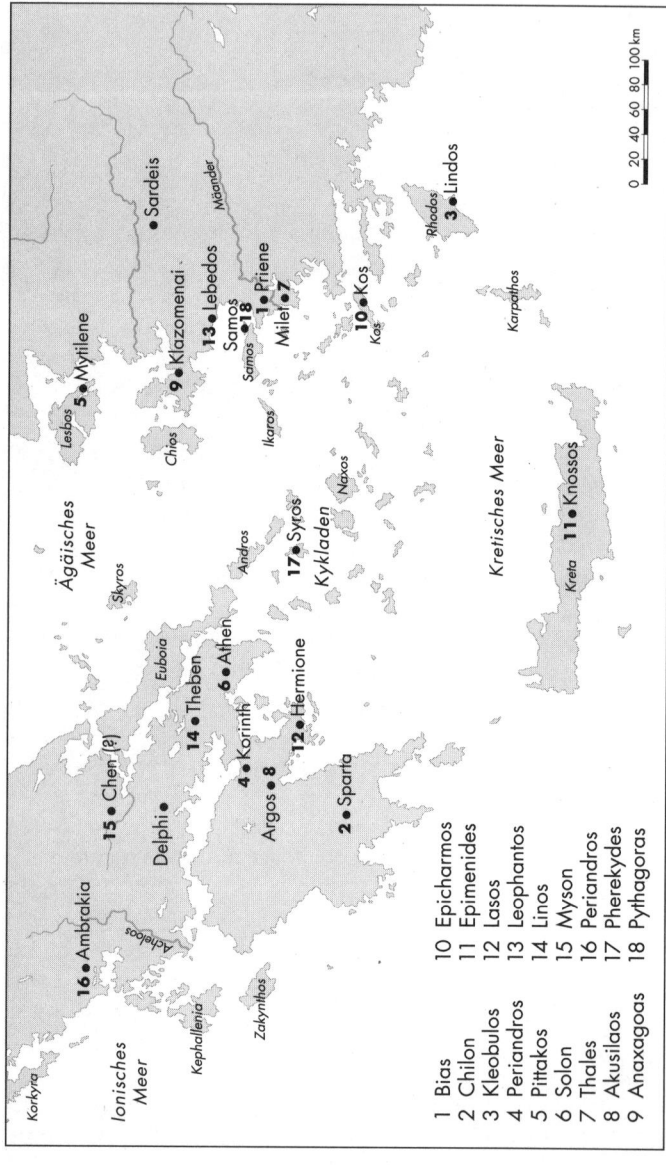

Vorwort

«Erkenne dich selbst» und «Nichts im Übermaß» – die beiden
berühmtesten delphischen Maximen – wurden der Überlieferung nach bereits im späten 7. oder frühen 6. Jh. v. Chr. von
zweien der Sieben Weisen des alten Griechenland geprägt, dem
Milesier Thales und dem Athener Solon. Wie zeitlos gültig, klar
verständlich und wahr diese und ähnliche Spruchweisheiten der
Sieben Weisen sind, ist vielen heutigen Menschen gerade in der
jüngsten Vergangenheit wohl erneut bewußt geworden. In den
Sentenzen und dem Wirken der Sieben Weisen verdichtet sich
frühgriechische Lebensweisheit besonders prägnant und leicht
memorierbar. Die Beschäftigung mit ihnen dürfte auch für viele
heutige Leser jenseits des engen Kreises der Altertumskundler
noch sinnvoll und ertragreich sein.

Über Jahrhunderte blieb es in der Antike aber umstritten, wer
genau zum Kreis der Sieben Weisen gerechnet werden sollte. Bevor sich schließlich Bias, Chilon, Kleobulos, Periandros, Pittakos, Solon und Thales als die übliche Liste durchsetzten, hatten
vor der Zeit des Diogenes Laertios frühere Autoren insgesamt
23 Personen in unterschiedlichen Namenskombinationen unter
die Sieben Weisen gerechnet. Die zahlreichen antiken Quellen
über das Leben, das Wirken und die Aussprüche der Sieben
Weisen bieten oft ein unentwirrbares Gemisch von glaubwürdi-
gen historischen Tatsachen und üppig wuchernder Legendenbildung. Im folgenden habe ich versucht, die Grundlinien der antiken Traditionsbildung über die Sieben Weisen knapp nachzu-
zeichnen. Als Symbolfiguren frühgriechischer Weisheit haben
die Sieben Weisen in der gesamten griechisch-römischen Antike
und auch noch in nachantiken Perioden einen bedeutenden Einfluß auf die populäre Ethik und die Bildungswelt ausgeübt. Dem
Thema der Sieben Weisen habe ich mich zunächst über meine
Forschungen zu fragmentarisch überlieferten antiken biogra-

phischen und historiographischen Schriften genähert. Biographische Notizen zu den Weisen des archaischen Griechenland spielen nämlich eine wichtige Rolle in der Frühgeschichte der griechischen Biographie. Für die Bereitschaft, den Band in die Reihe ‹BeckWissen› aufzunehmen, danke ich herzlich dem Lektor des Verlages, Herrn Dr. Stefan von der Lahr. Gute Arbeitsmöglichkeiten boten mir während der Abfassung des Manuskriptes das Institut für Altertumskunde und das Historische Seminar der Universität zu Köln sowie verschiedene Bibliotheken der Humboldt-Universität Berlin. Anregende Gespräche mit vielen Kollegen in Köln und Berlin über das archaische Griechenland und die Sieben Weisen haben das Buch sicherlich an vielen Stellen verbessert. Für ihre Geduld, ihr Interesse an einem fachfremden Thema trotz starker eigener beruflicher Belastungen und viele hilfreiche Hinweise möchte ich mich schließlich auch bei meiner Frau, Dr. Marianne Engels, bedanken. Ihr sei das Buch gewidmet.

Kreuzau, im Januar 2010   *Johannes Engels*

I. Die überlieferten antiken Listen
der Sieben Weisen

«Griechische Weisheit verkörpert sich am prägnantesten und unmittelbarsten in den Sieben Weisen» (Rösler 1991, 357). Die zahlreichen antiken Zeugnisse über diese weisen Männer der archaischen Periode Griechenlands sind allerdings schwierig zu interpretieren. Wie sich zeigen wird, nennen antike Autoren eine erstaunliche Vielzahl von Namen, aus denen sich erst allmählich eine Kerngruppe der Weisen herausbildete. Das antike Quellenmaterial, das Leben, Wirken und Aussprüche der Weisen beschreibt, erweist sich oft als wenig vertrauenswürdig. Die ausführlichste Bezeichnung des Kreises der Sieben Weisen heißt bei griechischen Autoren *hoi hepta sophoi* («Die Sieben Weisen», so zum Beispiel bei Diogenes Laertios 1,22 oder 9,71). Häufige Varianten hierzu sind die «Weisen» (*sophoi* oder *sophistai*), «die Sieben» (*hoi hepta*) oder «die Sieben Philosophen» (*hepta philosophoi*). Bei lateinischen Autoren werden die Weisen üblicherweise *septem sapientes* bzw. verkürzt *septem* genannt (so etwa bei Cicero *De oratore* 3,137; *Tusculanae disputationes* 5,7).

In der noch weitgehend mündlichen Kultur des archaischen Griechenland, in der die Tradition über die Sieben Weisen verwurzelt ist und in der die als historische Personen bekannten Mitglieder dieses Kreises lebten, darf man anonym überlieferte, mündliche Traditionen und Zeugnisse über die Sieben Weisen nicht als grundsätzlich unglaubwürdig verwerfen. Es gibt einige vorplatonische Testimonien, die bereits eine Verbindung zwischen einzelnen Weisen herstellen und Spruchweisheit, prophetische Voraussagen und politische Aktivitäten als ihre hervorragenden Eigenschaften belegen. Wahrscheinlich waren mündliche Geschichten über ein Kollegium der Sieben Weisen schon im 6. und frühen 5. Jh. im Umlauf, bevor ihre schriftliche Überlieferung begann. Mehrere Hinweise bei dem Universalhistoriker Diodor, dem Biographen Plutarch und vor allem dem Philosophiehistoriker Diogenes Laertios auf Autoren, die bereits vor Platon über das Thema der Sieben Weisen geschrieben hatten, sind daher nicht leichtfertig als bloße Fälschungen späterer Autoren abzutun.

Zum Kreis der Sieben Weisen wurden in der Antike sowohl aus heutiger Sicht historische wie auch rein legendäre Personen gerechnet. Doch auch bei den historisch bezeugten Personen verblaßte ihre individuelle Vita im Laufe der Überlieferung immer mehr, bis die Sieben Weisen bloße ‹Ikonen› der altgriechischen Weisheit geworden waren, die mit bestimmten Maximen oder Kernsprüchen verbunden wurden. Nur ein geringer Teil der von den Weisen verfaßten Werke hat sich zumindest fragmentarisch erhalten. Bereits dem Rhetor und Historiker Anaximenes von Lampsakos im 4. Jh. zufolge (Diogenes Laertios 1,40 = FGrHist 72 F 22) sollen alle Sieben Weisen poetische Werke verfaßt haben, und antike Belege für die Weisen als Dichter sind häufig: Thales verfaßte dichterische Weihinschriften, Solons elegische Dichtungen sind glücklicherweise in größeren Überresten noch erhalten, Chilon dichtete in elegischem Metrum, Pittakos schrieb Lieder und Elegien, Bias ein Gedicht über Ionien und seinen Wohlstand, Kleobulos zahlreiche Lieder und poetisch gefaßte Rätsel, Periandros ein didaktisches Gedicht, Anacharsis einen dichterischen Vergleich über die Einrichtungen der Griechen und der Skythen. Allein was Myson betrifft, gibt es keinen Hinweis auf eine dichterische Tätigkeit. Abgesehen von Solon, sind jedoch von allen übrigen Weisen lediglich ihnen zugeschriebene Spruchweisheiten und Sentenzen (die Apophthegmata), deren Authentizität oft strittig bleibt, erhalten. Die Weisen äußerten sich allerdings nicht ausschließlich in typischen Sentenzen, sondern sie verwendeten auch andere epochentypische Formen der poetischen Mitteilung und nahmen Stellung zu sehr unterschiedlichen Themen. Die Aussprüche der Weisen und die Anekdoten über sie, interessante Ereignisse aus ihrem Leben, vor allem der Wettstreit der Weisen um den Dreifuß – letztlich ein bronzenes Kochgestell, das gerne als Weihga-

be gestiftet wurde – als Ehrenpreis und ihr Zusammentreffen
bei einem Symposion an einem Ort sind Kernelemente der bis in
die Spätantike wuchernden biographischen Tradition. Auffällig
ist, daß bereits in der frühen, kritischen Phase der Formierung
und der Verschriftlichung der Überlieferung die Bedeutung der
politischen Aktivitäten der Weisen allmählich zurückgedrängt
wurde. Diese wurden immer stärker zu Symbolfiguren einer
‹entpolitisierten›, philosophisch-religiös akzentuierten Weisheitslehre.

Noch als ungefähre Zeitgenossen der Sieben Weisen äußerten
sich griechische Dichter, Historiker und Philosophen über einzelne Weise: Hipponax (Fr. 63 und 123 West), ein Iambendich-
ter des 6. Jh.s, lobte Myson aus Chen als den besonnensten aller
Männer und Bias als einen gerechten Richter. Der Philosoph
Heraklit aus Ephesos pries um die Wende des 6. Jh.s Bias als
einen Weisen, der «mehr Weisheit als die anderen» (scil. Weisen) hatte. Es scheint also bei Heraklit schon ein Bewußtsein
von mehreren Weisen vorhanden zu sein. Aber es werden noch
keine Siebenzahl und keine Namen der anderen Weisen genannt
(Diels-Kranz VS 22 B 39). Der Dichter, Theologe und Philosoph
Xenophanes aus Kolophon bewunderte im 6. Jh. Thales als
einen weisen Mann (Diels-Kranz VS 21 B 19). Der lyrische Dichter Alkaios aus Mytilene (Fr. 360 Lobel-Page) nannte den Spartaner Aristodemos einen Weisen und kritisierte mehrfach scharf
Pittakos als einen ‹Tyrannen›. Verse des Dichters Simonides aus
Keos im 6. Jh. waren gegen Kleobulos (Fr. 76 Page) und gegen
Pittakos (Fr. 37 Page) gerichtet.

Die wichtigsten Spuren einer vorplatonischen schriftlichen
Tradition über die Weisen finden wir wohl in den *Historien* des
Herodot aus Halikarnassos (Busine 2002, 17–27). Dieser griechische ‹Vater der Geschichtsschreibung› (Cicero) lebte von ca.
484 bis nach 430 v. Chr. Herodot spricht aber noch nicht regelmäßig über die Weisen als eine feste Gruppe, sondern primär
über einzelne Weise (nämlich Solon, Thales, Bias und Pittakos).
Auf dem Höhepunkt der Macht des Kroisos kamen «alle anderen Weisen (*sophistai*) aus Griechenland zu dem König und darunter auch Solon» (Herodot 1,29–33). Meinem Verständnis

nach deutet diese Stelle vielleicht schon darauf hin, daß Herodot die Weisen als eine besondere Gruppe angesehener Männer eigentlich bereits bekannt waren. Vier der späteren Sieben Weisen erscheinen als Ratgeber oder als Gesprächspartner des Lyderkönigs Kroisos (1,27,2 und 1,29–33). Über einzelne Weise hören wir dann noch weitere verstreute Einzelnachrichten bei Herodot: Chilon wird als weiser Mann Spartas und wegen seiner Vorhersagefähigkeiten bereits bei Herodot zweimal in den *Historien* erwähnt (1,59 und 7,235). Er ahnte die Gefährlichkeit des späteren athenischen Tyrannen Peisistratos voraus und warnte vor der Gefahr für Sparta durch die vorgelagerte Insel Kythera. Thales sagte den Ioniern präzise eine Sonnenfinsternis voraus (1,74,2) und half dem Lyderkönig Kroisos dabei, ein Heer über den Halysfluß zu setzen (1,175,3). Thales und Bias gaben beide ihren Heimatstädten (Poleis) wertvolle politische Ratschläge (1,170).

Die Kerngruppe der Weisen bilden Personen des ausgehenden 7. und 6. Jh.s v. Chr. Sie stammen aus unterschiedlichen Poleis (vgl. die Karte S. 6). Dies paßt gut zur Situation in der griechischen polyzentrischen Staatenwelt, und in den unterschiedlichen Namenslisten drückt sich eine verbreitete Rivalität der Poleis um «weise Männer» aus den Reihen ihrer Mitbürger aus. Man kann eine Aufteilung bemerken zwischen Weisen aus den kleinasiatischen Küsten- und Inselpoleis (Thales von Milet, Bias von Priene, Kleobulos von Lindos auf Rhodos und Pittakos von Mytilene auf Lesbos) und aus dem griechischen Mutterland (Solon aus Athen, Chilon aus Sparta, Periandros aus Korinth, Myson von Chen). Interessanterweise stammen nicht sämtliche Weisen aus den damals politisch-militärisch wichtigsten Poleis. Andererseits wird die prominente Rolle der ionischen Poleis in der geistigen Welt der archaischen Periode – ca. 700 bis ca. 500 v. Chr. – gerade auch aus den Katalogen der Weisen deutlich. Sizilien und Unteritalien bleiben auffällig unberücksichtigt, obwohl aus diesen Gegenden doch viele berühmte Weise, Gesetzgeber und Philosophen der archaischen Zeit stammten. Wichtig ist es auch festzustellen, daß bereits mit dem Geschichtswerk des Ephoros aus Kyme im 4. Jh. und also noch vor dem Alexanderzug und dem Beginn des Hellenismus auch ein Nichtgrieche in den Kreis hinzugerechnet wurde, der Skythe Anacharsis. Die Weisheit der Weisen verbindet sich also zu Beginn der Überlieferung noch nicht untrennbar mit dem kulturellen Chauvinismus der Griechen der klassischen Zeit und mit der gräkozentrischen Perspektive etwa eines Diogenes Laertios.

Alle Weisen sind Repräsentanten praktischer Lebensweisheit. Wenn auch ihre Sentenzen, Lieder und Gedichte noch nicht das für die spätere griechische Schulphilosophie typische hohe Reflexions- und Abstraktionsniveau erreichten, bereiteten sie doch unmittelbar die spätere, hoch entwickelte ethische Philosophie der Griechen vor. Nur wenige Weise sind auch als Philosophen und Naturforscher in Erinnerung geblieben wie Thales. Auffällig viele aber sind politisch in hervorragender Weise tätig geworden, als Tyrannen (Pittakos, Periandros), als Gesetzgeber und öffentlicher Schlichter (Solon) oder als regulärer Magistrat (Chilon). Insbesondere der oft wegen seiner brutalen Herrschaft kritisierte Periandros störte spätere philosophische Autoren in diesem Kanon. Daher wurde er oft in jüngeren Listen ersetzt, gelegentlich durch völlig obskure Personen wie Myson von Chen oder durch einen ‹Edlen Wilden› und philosophisch gebildeten Barbaren wie den Skythen Anacharsis.

Die ältesten Autoren über die Sieben Weisen als eine Gruppe: Platon und Andron von Ephesos

Wohl nicht zufällig wurden das Thema der Sieben Weisen und ihre spezifische Art der Weisheitslehre und Ethik gerade in der ersten Hälfte des 4. Jh.s von mehreren wichtigen Autoren aufgegriffen. Vermutlich boten für diese Autoren das Wirken und die Lehren der alten Weisen nach den geistigen Erschütterungen infolge des Peloponnesischen Krieges, der von 431–404 v. Chr. zwischen Sparta und Athen mit ihren jeweiligen Verbündeten ausgetragen wurde, und der Bewegung der Sophistik, welche den traditionellen Wertekanon in Frage gestellt und relativiert hatte, für das bürgerliche Zusammenleben in der Polis verträgliche Alternativen sowohl zu der modernen sophistischen Lehre als auch zu dem Rigorismus der sittlichen Autonomie des Individuums, die Sokrates und seine Schüler vorlebten.

Aus den umfangreichen Schriften des athenischen Philosophen Platon (428/27–349/48 v. Chr.) sind vor allem vier Stellen von Bedeutung, die sich in den Dialogen *Protagoras*, *Charmides*, *Hippias* und *Timaios* finden. Der früheste Dialog, *Protagoras*, gehört wohl noch in die späten 390er Jahre, während der *Timaios* als Spätwerk erst nach der dritten sizilischen Reise Platons, nach 361/60, entstanden ist. Die wichtigste Passage findet sich im *Protagoras*, der den Namen eines der bedeutendsten zeitgenössischen Sophisten Griechenlands trägt. Es ist die früheste explizit erhaltene Erwähnung der Sieben Weisen als einer festen Gruppe (*Protagoras* 343 a): «Zu diesen Einsichtigen gehörten Thales von Milet, Pittakos von Mytilene, Bias von Priene, unser Solon, Kleobulos von Lindos, Myson von Chen, und als siebter wurde ein Spartaner, Chilon, zu ihnen gerechnet.» Wichtig ist an dieser Reihe die Ersetzung des bekannten Tyrannen Periandros von Korinth durch den politisch und biographisch völlig unbekannten ‹Dorfweisen› Myson aus dem Ort Chen, über dessen Lokalisierung bereits antike Gelehrte ohne klares Ergebnis stritten. Der Grund hierfür war die aus den Dialogen *Politeia* (Staat) und *Nomoi* (Gesetze) bekannte Abneigung Platons gegen Tyrannen, die für ihn das Gegenbild zur Elite der platonischen Weisen und zu dem Idealbild des Philosophenherrschers darstellten.

Der Kontext dieser Passage ist eine vermutlich kaum ernstgemeinte These des Sokrates, daß die Philosophie nirgendwo seit so langer Zeit und in solchem Ausmaße wie in Kreta und Sparta bestanden habe. Die Weisheit der alten Weisen zeige sich besonders deutlich in ihren lakonisch knappen Sentenzen. Alle frühen griechischen Weisen seien Bewunderer und Anhänger der spartanischen Bildung gewesen. Sie seien auch einmal alle zusammengetroffen und hätten Inschriften ihrer berühmtesten Aussprüche dem Tempel des Apollon in Delphi geweiht. An dieser Stelle im *Protagoras* werden die sieben Personen aber auffälligerweise nicht als die «Sieben Weisen» bezeichnet. Einige weitere interessante Stellen aus Platons Werken ergänzen diese Passa-

ge aus dem *Protagoras*: Im *Charmides* (164 d–165 a) werden die
delphischen Sprüche anonymen Verfassern und verschiedenen
Zeiten zugeschrieben, nicht einzelnen der Sieben Weisen oder
einer festen Gruppe von Sieben Weisen. *Gnothi sauton* (Erkenne dich selbst) sei der älteste Spruch. Dies ist aber kein Argu-
ment dafür, daß Platon zum Zeitpunkt des *Charmides* noch keine Tradition über einen festen Kreis von Weisen kannte. Der
Dialog *Hippias Maior* (281 c) setzt nämlich auch schon eine ältere Überlieferung über die Weisen vor Platon voraus. Platon
spricht dann im *Timaios* (20 d) über Solon als den «Weisesten
der Sieben». Dies ergibt nur dann einen Sinn, wenn sich schon
die Vorstellung einer festen Gruppe von Sieben Weisen gebildet
hatte.

Nach Meinung des Altertumswissenschaftlers Dieter Fehling
war es nun allerdings überhaupt erst Platon, der die Sieben Weisen als ein Kollegium literarisch erfunden habe, und zwar primär als eine «scherzhafte Konstruktion» (Fehling 1985, 13)
und als ein bloßes literarisches Stilmittel in seinem Dialog
Protagoras. Die genannten Weisen hätten vor Platon nichts miteinander zu tun gehabt. Sie seien als eine Gruppe wie auch als
Träger einer besonderen Weisheit eine reine Fiktion Platons.
Platon habe fünf der sieben Namen aus Herodots Kroisos-Ge-
schichte und aus Gedichten des Simonides herausgenommen,
dazu den Chilon wiederum aus Herodot und den Myson aus
Hipponax. Diese extreme Meinung hat sich jedoch nicht durch-
setzen können (siehe Bollansée 1999b, Busine 2002).

Für die Zeitgenossen Herodots und Platons galten die Ge-
schichtlichkeit der Sieben Weisen und ihre ungefähre Gleichzei-
tigkeit als anerkannte und unbestrittene Tatsachen. Man konnte
sogar die «Zeit der Sieben Weisen» damals als eine grobe Datie-
rungsweise anführen. Damit war meist die 48.–50. Olympiade
gemeint (588–577 v. Chr.), was sich etwa mit der Einrichtung
der Pythischen Spiele in Delphi angeblich unter dem Archontat
des Damasias (582 v. Chr.) als Zeitangabe deckte.

Andron von Ephesos (FGrHist IV A 1 1005) war ebenfalls ein
Autor der ersten Hälfte des 4. Jh.s und ein Zeitgenosse Platons.
Es läßt sich auf der Basis der sehr fragmentarischen Überliefe-

rungslage nicht sicher feststellen, ob Androns Werk *Tripus* (Der Dreifuß) mit dem Thema des Wettstreites der Weisen um einen Dreifuß als Preis für den Weisesten vor oder nach dem *Protagoras* Platons entstand. Nach unserer heutigen Kenntnis ist Andron allerdings der früheste Autor, der die Geschichte vom Agon (Wettstreit) der Weisen um den Dreifuß in einem Literaturwerk ausführlich erzählt hat. Sie mag aber bereits zuvor in mündlicher Form tradiert worden sein. Auch die Tatsache, daß Periandros von Korinth ursprünglich in der Geschichte genannt war, deutet darauf hin, daß ihr Kern bereits entstand, bevor der Tyrann von wichtigen Autoren wie Platon in der Liste der Weisen ersetzt wurde. Die Bewohner der Stadt Argos stifteten Andron zufolge ein *athlon aretes* (einen Tugendpreis) für den Weisesten der Hellenen. Den Preis habe zunächst der Spartaner Aristodemos erhalten, der ihn aber dem Chilon weitergegeben habe. Danach dürfte der Preis bereits in Androns Version die Runde durch den gesamten Kreis der Weisen gemacht haben. Unter den wenigen Fragmenten Androns ist jedoch keine Aufzählung der Sieben Weisen als einer festen Gruppe mehr erhalten. Später wird Gelegenheit sein, noch einmal auf diese Geschichte zurückzukommen (vgl. Kapitel 3).

Ephoros und weitere Autoren des 4. Jh.s

Außer Andron und Platon waren noch weitere Autoren des 4. Jh.s vor Aristoteles am Thema der Weisen, ihrer Sprüche und ihres Wettstreites interessiert. Sie sind insbesondere im ersten Buch des Diogenes Laertios bezeugt (aber keineswegs nur dort), nämlich Eudoxos von Knidos, Daidachos (vielleicht ist hier aber richtiger der Name des Historikers Daimachos von Plataiai zu lesen), Alexon von Myndos, Euanthes von Milet, Leandr(i)os von Milet, Phanodikos, Euthyphron sowie ein ansonsten gänzlich unbekannter Autor namens Eleusis. Die jüngere Forschung hat nachweisen können, daß mit Sicherheit zumindest Andron und Leandr(i)os von Milet keine bloßen literarischen Erfindungen späterer Autoren oder des Diogenes selbst sein können. Daher sollte man aus methodischer Vorsicht auch die histo-

rische Existenz der übrigen soeben genannten Autoren annehmen. Wegen der äußerst fragmentarischen Überlieferungslage
bleiben ihre genauen Meinungen über die Weisen freilich unklar.

Auch der Historiker Ephoros aus Kyme, der Begründer der
griechischen Universalgeschichte, beteiligte sich in den 340er
Jahren an der Diskussion über den Kanon der Sieben Weisen.
Ephoros setzte den Skythen Anacharsis an die Stelle des Myson
von Chen (FGrHist 70 F 182). Ephoros diskutierte damit implizit die Frage, ob auch gebürtige Nichtgriechen Meister der griechischen Weisheit sein könnten. Inwieweit ‹Barbaren› hellenische *paideia* (Bildung) und *sophia* (Weisheit) erlangen konnten,
wurde dann nach der Eroberung des Perserreiches durch Alexander den Großen im Hellenismus ein zentrales Thema der Hel-
lenisierungs- und Akkulturationsproblematik. Denn griechische
Bildung und Weisheitslehren wirkten von den zahlreichen neu
gegründeten Poleis als Zentren hellenischer Lebensweise aus bis
tief nach Asien hinein. Ephoros kannte die wichtige politisch-
soziale Rolle mehrerer Weiser als Gesetzgeber und Rechtspre-
cher (FGrHist 70 F 158). Außerdem berichtete Ephoros von einem Treffen aller Weisen mit Ausnahme des Thales beim Lyderkönig Kroisos. Dagegen hatte ein literarischer Konkurrent des
Ephoros namens Archetimos aus Syrakus ein ähnliches Treffen
bei dem Tyrannen Kypselos in Korinth lokalisiert, dem Vater
des Periandros (FGrHist 70 F 42). Lechaion bei Korinth ist später auch in Plutarchs *Symposion* als der Treffpunkt der Weisen
genannt. Jedenfalls in den erhaltenen Fragmenten kennt Ephoros schließlich nur einen Synchronismus der Sieben Weisen mit
dem Lyderkönig Kroisos, aber nicht die später übliche ‹Epoche
der Weisen› in den 580er Jahren.

Aristoteles und die ersten Generationen der Peripatetiker

Bereits im 4. und 3. Jh. v. Chr. war das Gemisch aus Legenden
und vertrauenswürdigen Traditionen über die Sieben Weisen
auch für gut informierte und ernsthaft recherchierende antike

Autoren nicht mehr aufzulösen. Die biographische und doxo-
graphische (Lehrmeinungen beschreibende) Legendenbildung
wucherte dann im Hellenismus ungebremst weiter. Biographische Informationen in größerer Zahl und einigermaßen ver-
läßlicher Qualität gab es im 4. Jh. höchstens noch für den Athener Solon, zugleich wohl den jüngsten der am häufigsten genannten Weisen. Allerdings ist auch bei den biographischen
Zeugnissen über Solon eine gewisse Vorsicht geboten, weil aus
tagespolitischen Gründen gerade im 4. Jh. diesem idealisierten
athenischen Gesetzgeber nachträglich bestimmte Auffassungen,
Aussprüche oder ganze Gesetze zugeschrieben wurden. Die Biographie der übrigen Weisen als historisch individuelle Personen
trat bereits damals fast völlig hinter ihren Sprüchen und Weisheitslehren zurück. Es entstanden auch Sammlungen von angeblichen Briefen der Weisen, und die Legende von einem Sym-
posium der Sieben Weisen festigte sich. Die Vorstellung von einer festen Gruppe von Sieben Weisen, ihren Maximen,
Rätselfragen und Antworten gehörte seit der hellenistischen
Zeit zum festen Bestand der allgemeinen griechischen Bildung.

Der Philosoph Aristoteles aus Stageira (384–322 v. Chr.) be-
faßte sich mit den Sieben Weisen als einer festen Gruppe von
sophistai (Weisheitslehrern) und mit der Zuweisung der berühmten delphischen Sprüche *gnothi sauton* (Erkenne dich
selbst) und *meden agan* (Nichts im Übermaß) in einer leider bis
auf wenige Fragmente verlorenen Schrift *Peri philosophias*
(Über die Philosophie, Aristoteles Fr. 3–5 Ross), die bereits eine
ältere Diskussion über die Weisen und ihre Weisheit voraus-
setzte. Ebenfalls hat Aristoteles zusammen mit Kallisthenes
aus Olynth Forschungen zur *Liste der Pythioniken* (der Sieger
der Pythischen oder Delphischen Spiele) betrieben. Dabei be-
mühte er sich um die Ermittlung des Anfangsdatums der Pythischen Spiele und verband diese wohl bereits mit den Sieben
Weisen. Was von den besser bekannten Auffassungen der Schüler des Peripatos, jener von Aristoteles in Athen gegründeten Philosophenschule, über die Sieben Weisen letztlich nun
bereits auf Aristoteles' eigene Meinung zurückgeht, läßt sich
nur schwer sagen. Mehrere seiner bekannten frühen Schüler ha-

ben sich nämlich mit dem Thema der Sieben Weisen gründlich befaßt, darunter Theophrastos aus Eresos (T 727,12 Fortenbaugh), Klearchos aus Soloi (Fr. 69–71 Wehrli SdA III), Straton aus Lampsakos (Fr. 146–147 Wehrli SdA V), Aristoxenos aus Tarent (Fr. 130 Wehrli SdA II) und insbesondere der Athener Demetrios von Phaleron und Dikaiarchos aus Messene.

Vier Namen kehren in allen Listen seit dieser Zeit immer wieder: Thales, Bias, Pittakos und Solon. Alle anderen Namen werden je nach der Quelle und ihren literarischen Zielen immer wieder bei den verschiedenen antiken Gewährsleuten ausgetauscht. Besonders anfällig für einen solchen Austausch ist die Position des letzten, siebten Namens dieser Gruppe. Die in späterer Zeit verbreitetste Zusammenstellung der Sieben Weisen – die ‹Standardliste› sozusagen mit Thales, Solon, Periandros, Kleobulos, Chilon, Bias und Pittakos – wird mit Recht schon auf Demetrios von Phaleron im späten 4. Jh. zurückgeführt (Fr. 114 Wehrli SdA IV). Sicher bezeugt ist ferner eine Sammlung von *Apophthegmata* (Aussprüchen) der Sieben Weisen durch Demetrios, der übrigens auch selbst für seine Apophthegmata berühmt war (Fr. 115–122 Wehrli). Besonders wichtig als Quellenbasis und Vorbilder aller spätantiken, mittelalterlichen lateinischen (*Sententiae, Dicta*) und byzantinischen griechischen Sammlungen (*Gnomologiai*, s.u. Kapitel 7) wurden die beiden im dritten Buch der *Anthologia* des Stobaios überlieferten frühen Sammlungen des Demetrios von Phaleron und eines nicht näher identifizierbaren Sosiades aus dem 4. Jh. v. Chr.

Die Sammlung des Demetrios ist die vollständigste bekannte antike Zusammenstellung der Sprüche der Sieben Weisen. Sie stellt zudem bei jedem Weisen denjenigen Spruch oder diejenigen Sentenzen an die Spitze, die nach überwiegender Auffassung als authentische Sätze galten, sozusagen die Kernsprüche jedes Weisen. Diese Sammlung besteht aus sieben Abschnitten mit Sprüchen je eines Weisen. Insgesamt findet man 125 Sprüche: 21 des Kleobulos, 20 des Solon, 19 des Chilon, 20 des Thales, 12 des Pittakos, 17 des Bias und 16 des Periandros. Die Sosiades-Sammlung dagegen versammelt 143 besonders kurze, teils nur aus zwei Worten bestehende Sprüche, die pauschal «den Sieben Weisen» als Gruppe zugeschrieben werden. Der Autor Sosiades bleibt ansonsten unbekannt. Eine Fassung der Sammlung war in Delphi im Pronaos (der Vorhalle) des Apollontempels auf einer Säule eingeritzt. Von dort soll sie ein Mann namens Klearchos (vielleicht der Peripatetiker Klearchos von Soloi) abgeschrieben haben. Dieser Klearchos hat dann später einen Teil der Sprüche im Heroon (einem Heiligtum für einen Heros) des Kineas, des *ktistes* (Gründers) einer neuen Stadt namens Alexandria am Oxus-Fluß im heutigen Afghanistan (bei Ai-Khanoum) tief im Osten des Alexanderreiches als Inschrift aufgestellt (Robert 1968). Die Weisheit der Sieben Weisen wirkte also keineswegs nur im Kernland Hellas oder in der griechisch-römischen Mittelmeerkulturwelt (der Oikumene), sondern strahlte im Hellenismus bis an die äußersten Grenzen der griechischen Kultur aus.

Eine andere Inschrift aus dem kleinasiatischen Miletupolis (Schwertheim, Inschriften von Kleinasien IvK 26 Nr. 2) vom späten 4. oder frühen 3. Jh. v. Chr. führt 56 kurze Sprüche der Sieben Weisen auf. Davon sind 28 identisch mit Maximen aus der Sosiades-Sammlung. Man erkennt schon an diesen beiden frühen Beispielen, daß die Spruchweisheit der Sieben Weisen in der Antike auch über epigraphische, also nichtliterarische Quellen verbreitet wurde. Auf zwei frühe Peripatetiker ist jetzt noch gründlicher einzugehen.

Dikaiarchos aus Messene erörterte die Sieben Weisen in seinem Werk *Peri bion* (Fr. 30–32 Wehrli SdA I). Dieser Titel meint in der Ausdrucksweise der frühen Peripatetiker *Über Lebensformen* und zugleich *Reihen von Biographien*. Nach einem wichtigen Fragment des Dikaiarchos (Fr. 32) standen nur vier Mitglieder aus dem Kreis der Sieben Weisen unbestritten am Ende des 4. Jh.s bei allen Autoren fest: Thales, Bias, Pittakos und Solon. Sechs weitere Namen seien umstritten gewesen: Aristodemos, Pamphylos, Chilon, Kleobulos, Anacharsis und Periandros. Es fehlte bei Dikaiarchos bereits wieder Myson, den Platon zuvor an der Stelle des Tyrannen Periandros genannt, den Ephoros aber schon wieder durch den Skythen Anacharsis

ersetzt hatte. Dikaiarchos wurde auch berühmt für seine poin-
tierte Definition, die Sieben Weisen seien keine reinen Fachphi-
losophen im Verständnis des 4.Jh.s gewesen und hätten sich
nicht einem *bios theoretikos* (der *vita contemplativa* oder einem
reinen Denkerleben) und abstraktem Fachphilosophieren gewidmet, sondern sie seien primär *synetous kai nomothetikous*
gewesen, verständige Männer und Gesetzgeber (Fr. 30). Dikaiarchos verstand die Weisheit dieser Weisen als eine *epitedeu-
sis ergon kalon*, ein praktisches Ausüben guter Tätigkeiten
(Fr. 31). Damit wurden die Sieben Weisen bei Dikaiarchos zu
frühen Beispielen eines *bios praktikos*, also eines praktisch-täti-
gen Lebens, auf philosophischer Grundlage. Diese Auffassung
hat Ciceros Bild von den Sieben Weisen und deren Rezeption im
republikanischen Rom stark beeinflußt.

Der alexandrinische Gelehrte und Dichter Kallimachos von
Kyrene schließlich ist einer unserer Hauptautoren über die
wichtige Geschichte vom Wettstreit der Weisen um eine Schale
oder einen Dreifuß als Preis der Weisheit (Kallimachos *Iam-
ben* 1, Fr. 191, Z. 65–77 Pfeiffer; Diogenes Laertios 1,28–29).
Zudem hatte Kallimachos einen wichtigen Anteil an der weiteren Verfestigung des Standardkanons der Sieben Weisen.

Hermippos von Smyrna und Hippobotos: zwei gelehrte hellenistische Autoren über die Sieben Weisen

Hermippos von Smyrna, ein Schüler des Kallimachos und alex-
andrinischer Gelehrter im späten 3. Jh., ist ein in vieler Hinsicht
für die Arbeitsweise und die Interessen der peripatetischen –
d. h. aus der Schule des Aristoteles hervorgegangenen – Philo-
sophen- und Gelehrtenbiographen typischer Autor (Wehrli
1974, Bollansée 1999 a–b). Er verfaßte eine mit mindestens vier
Büchern umfangreiche reihenbiographische Schrift *Peri ton
(hepta) sophon* («Über die Sieben Weisen»). Zudem behandelte
er einige Weise und ihren Kreis auch noch in thematisch verwandten Schriften über einzelne Philosophen und frühe Gesetzgeber in Hellas.

Von zentraler Bedeutung für die Entwicklung der Tradition über die Sieben Weisen ist nun ein Fragment des Hermippos aus der Schrift *Über die Sieben Weisen*. Es überliefert mit 17 Namen die ausführlichste hellenistische Liste derjenigen Personen, die frühere Autoren zu den Sieben Weisen gerechnet hatten (Fr. 10 Bollansée): «Hermippos zählt in seinem Werk *Über die Weisen* siebzehn Personen; aus diesen treffen verschiedene Autoren eine unterschiedliche Auswahl von sieben Männern. Diese sind: Solon, Thales, Pittakos, Bias, Chilon, Myson, Kleobulos, Periandros, Anacharsis, Akusilaos, Epimenides, Leophantos, Pherekydes, Aristodemos, Pythagoras, Lasos, der Sohn des Charmantides oder des Sisymbrinos, oder, nach Aristoxenos, der Sohn des Chabrinos, aus Hermione, und Anaxagoras.» Im 3. Jh. stand also die absolute Zahl von Sieben Weisen allgemein fest. Jedoch wiesen unterschiedliche Autoren weiterhin diesem Kreis verschiedene Namen zu. Die 17 Namen, die Hermippos aufführte, zerfallen in eine erste Gruppe von neun Personen, die auch oft in anderen Quellen genannt werden, und eine zweite Gruppe von acht Namen, die nur selten als Mitglieder der Sieben Weisen erwähnt werden. Es fragt sich, ob Hermippos bestimmte seltene Namen selbst neu hinzugefügt oder gar ‹erfunden› hat oder ob er sie in älteren literarischen Vorlagen bereits vorfand. Letzteres ist aufgrund der im allgemeinen sorgsamen Arbeitsweise des Kallimacheers Hermippos eher zu vermuten. Hermippos sichtete nämlich eine ihm in Alexandria noch vorliegende umfangreiche Literatur unterschiedlicher Gattungen zu diesem Thema. Da Hermippos in Alexandria die ptolemäische Bibliothek benutzen konnte, das Zentrum des Wissens der hellenistischen Welt, hatte er dort auch Zugang zu seltenen Werken über das Thema der Weisen, die z. B. nicht der athenischen Tradition entstammten. Sein Informationsstand dürfte daher besser gewesen sein als derjenige der meisten älteren Autoren von Platon und Aristoteles bis zu Dikaiarchos.

Der auffälligste Name, der bei Hermippos fehlt, ist derjenige des athenischen Tyrannen Peisistratos, während sich dieser Name bei den Peripatetikern Aristoxenos und Dikaiarchos noch in den Listen der Weisen fand. Er ist wohl aus heftiger Tyrannenfeindschaft des Hermippos weggefallen. Hierauf könnte auch eine weitere seiner Schriften deuten unter dem Titel *Über diejenigen, die von der Philosophie zur Tyrannis übergegangen sind*. Hermippos hatte als Biograph großes Interesse an detailreichen interessanten Geschichten, die er gerne auch in seinem Werk über die Sieben Weisen erzählte. Dabei entwickelte er aber kaum ein kritisches Bewußtsein dafür, welche älteren Überlieferungen als historisch glaubwürdig einzustufen waren und welche nicht. Auch an der präzisen absoluten Chronologie der archaischen Zeit ist er – wie die meisten Autoren über die Sieben Weisen und andere Biographen – kaum interessiert. Er datiert die Zeit der Weisen wohl noch wie der Peripatetiker Demetrios von Phaleron im späten 4. Jh. (FGrHist 228 F 1; Diogenes Laertios 1,22) grob auf das dritte Jahr der 49. Olympiade (= 582/1 v. Chr.) bzw. auf das zeitgleiche Archontat – das Amtsjahr eines Oberbeamten, nach denen die Athener ihre Jahre zählten – des Damasias in Athen, während sich später oft das wenig frühere Datum des Chronographen Apollodoros aus Athen (2. Jh.) mit dem vierten Jahr der 48. Olympiade (= 585/4 v. Chr.) durchsetzte, das auf eine Sonnenfinsternis in diesem Jahre hinzielt, die Thales vorausgesagt haben soll. Hermippos vertrat ferner einen griechischen, ‹apollinischen› Ursprung der Siebenzahl der Weisen, während z. B. der in etwa zur selben Zeit lebende Diadochenhistoriker Duris aus Samos (FGrHist 76 F 74–77) auch wichtige östliche Einflüsse angedeutet hatte. Hermippos aber bestritt beispielsweise, daß es irgendwelche östlichen, phönikischen Vorfahren des Seniors der Sieben Weisen, des Thales von Milet, gegeben habe.

Wenig später als Hermippos schrieb Hippobotos wohl in der ersten Hälfte des 2. Jh.s v. Chr. seine *Philosophon anagraphe*, ein Verzeichnis oder eine Reihenbiographie bedeutender älterer Philosophen. Der entscheidende Text des Hippobotos über die Sieben Weisen stammt aus der *Philosophon anagraphe* (Fr. 6 Gigante): «Hippobotos zählt in seinem Verzeichnis der Philosophen folgende Personen auf: Orpheus, Linos, Solon, Periandros, Anacharsis, Kleobulos, Myson, Thales, Bias, Pittakos, Epicharmos, Pythagoras.»

Auch gegenüber dieser nur bei Diogenes Laertios überlieferten Liste des Hippobotos vertrat der Historiker und Philologe Fehling (1985, 43–45) wiederum eine extrem kritische Position. Hippobotos sei vermutlich überhaupt als Quelle erst von Diogenes erfunden worden. Diese Meinung hat allerdings in der Forschung keine Zustimmung gefunden. Denn Fragmente der Werke des Hippobotos werden zwar überwiegend, aber keineswegs ausschließlich bei Diogenes Laertios überliefert, sondern auch bei Klemens von Alexandria, Porphyrios, Iamblichos, Pseudo-Iamblichos, in einem Papyruswerk ohne Titel und in der Scholienliteratur zu Homer. Zumindest einige dieser Autoren sind aber nicht von Diogenes Laertios abhängig (Engels 2007, 173–194).

Fr. 6 ist das einzige Fragment aus Hippobotos' *Verzeichnis der Philosophen*, das zusammen mit dem Buchtitel überliefert wurde. Daher hat es unter allen Fragmenten eine besondere Bedeutung für unsere Vorstellung von diesem Werk. Dieses Fragment erinnert noch stark an chronologisch arrangierte Listen und Katalogverzeichnisse als eine der Wurzeln der hellenistischen *Diadochai*-Schriften mit ihren Sukzessionsreihen von philosophischen Lehrern und Schülern. Als Hippobotos diskutierte, welche Personen zum Kreis der Sieben Weisen gerechnet werden sollten, umgab die Sieben Weisen bereits eine kaum mehr zu trennende Mischung von verläßlichen Traditionen und späteren Legenden. Selbst unter den Gelehrten einer bestimmten philosophischen Schulrichtung, z. B. unter den drei Peripatetikern Demetrios, Klearchos und Dikaiarchos, gab es breiten Raum für individuelle Varianten. Während so etwa Dikaiarchos den Pythagoras explizit aus der Liste ausschloß, nannten ihn Hermippos und Hippobotos als ein Mitglied der Liste der Weisen.

Hippobotos wollte offenbar mit seiner Liste von zwölf Namen die besonders umfangreiche, wenig ältere Aufstellung des Hermippos mit siebzehn Namen korrigieren. Denn acht der siebzehn Namen des Hermippos fehlen in der Liste des Hippobotos: Akusilaos, Epimenides, Leophantos, Pherekydes, Aristodemos, Lasos, Chilon und Anaxagoras. Dagegen fehlen die drei typischen Zusätze des Hippobotos, also Orpheus, Linos und Epicharmos, wiederum alle in der Liste des Hermippos. Sieben Personen (bzw. acht mit Einschluß des problematischen Falles des Myson) finden sich dagegen übereinstimmend auf beiden Listen des Hermippos und des Hippobotos: Solon, Thales, Pittakos, Bias, Myson, Kleobulos, Periandros und Anacharsis. Genau dies war sozusagen inzwischen die hellenistische ‹Standardliste› der Weisen.

Drei Namen bei Hippobotos sind besonders auffällig, Orpheus, Linos und Epicharmos. Orpheus und Linos waren Personen der fernen, mythischen Vergangenheit. Epicharmos dagegen war auffällig jünger als die Mehrheit der Weisen. Hippobotos verließ also mit seinen Zusätzen zur Liste den gewöhnlichen Zeitkorridor der Lebenszeit der meisten Weisen in der archaischen Epoche. Linos von Theben galt als ein berühmter Sänger und Musiker. Er spielt eine Rolle in der Diskussion, ob die frühesten ‹Philosophen› Griechen oder Angehörige barbarischer Nationen waren, Skythen, Thraker, Ägypter, Perser oder Inder (siehe Diogenes Laertios 1,1–12). Orpheus, der thrakische Sänger, galt als ein früher Dichter, in der hellenistischen Epoche zudem bereits als ‹Philosoph›, schließlich als der verehrte Gründer der orphischen Mysterien. Besonders die Namen des Linos und Orpheus deuten darauf hin, daß Hippobotos die Epoche der Weisen über das späte 7. und frühe 6. Jh. chronologisch weiter in die Frühzeit hinein ausweiten wollte, als dies üblich war und als es Hermippos vertreten hatte. Die Nennung des Thrakers Orpheus läßt vermuten, daß Hippobotos vielleicht offener als z. B. Diogenes Laertios war in der Diskussion um eine rein griechische Philosophie oder wichtige Einflüsse außergriechischer Weiser.

Auffällig an der Liste des Hippobotos ist schließlich auch, daß er den sizilischen Dichter Epicharmos noch als einen Kandidaten für den Kreis der Weisen aufführt. Denn der peripatetische Biograph und Gelehrte Aristoxenos von Tarent hatte bereits überzeugend demonstriert, daß eine verbreitete Sammlung von philosophischen Sprichwörtern, die man dem Epicharmos zugeschrieben hatte (*Pseudo-Epicharmeia*, Kassel-Austin PCG I,

Fr. 244–273), eine Fälschung und spätere Kompilation war. Hippobotos dürfte als belesener Autor diese Kritik des Aristoxenos gekannt haben, die von anderen alexandrinischen Gelehrten akzeptiert worden war. Es scheint, daß Hippobotos hier erneut seiner Vorliebe nachgibt, von vorherrschenden Meinungen abweichende Positionen zu vertreten. Immerhin hat allerdings später auch noch Diogenes Laertios den Epicharmos zumindest als einen weisen Mann bezeichnet (Diogenes Laertios 3,17 und vgl. 8,78). Schließlich fällt auf, daß der Spartaner Chilon bei Hippobotos fehlt. Der Grund dafür ist völlig unklar, da Chilon bereits lange Zeit zur Kerngruppe der Sieben Weisen gehörte. Vielleicht beruht es auf einer spartafeindlichen Tendenz des Hippobotos.

Die Rezeption der Tradition über die Sieben Weisen in Rom seit der Zeit Ciceros

Unter dem Einfluß der griechischen Kultur übernahmen die Römer in der mittleren und späten Republik im 2. und 1. Jh. bereits die inzwischen fest geformte Vorstellung einer Gruppe von Sieben Weisen und deren Namen. Die Allgemeinheit der Lebensweisheiten der Sieben Weisen des archaischen Hellas machte sie auch im heidnischen Rom in einem ganz anderen politisch-sozialen Kontext sowohl in der Republik als auch später im Kaiserreich und bis in die christliche Spätantike hinein beliebt. Auffälligerweise wird dieser Gruppe angesehener griechischer Weiser keine gleich große und vergleichbar fest umrissene Gruppe römischer Weiser der alten Zeit gegenübergestellt, wie man es aus dem verbreiteten Gedanken der Rivalität (*aemulatio*) mit den Griechen hätte vermuten können. Allerdings mangelte es den Römern ja keineswegs an Selbstbewußtsein, zahlreiche römische *exempla sapientiae* (Beispiele der Weisheit) und *viri eminentes* (hervorragende Männer) anzuführen und als Entsprechungen zu den *gnomai* (Weisheitslehren) der griechischen Weisen vergleichbare oder sogar noch treffendere römische *sententiae* (Sinnsprüche) zu zitieren. Man bezog sich aber dabei fast immer auf Einzelpersonen oder auf eine bestimmte Adelssippe (*gens*). Weise Aussprüche und zeitlose Lebensregeln (*dicta, sententiae*) wurden z. B. republikanischen Musterrömern wie dem Politiker und Schriftsteller Marcus Porcius Cato Censorius (234–149 v. Chr.) zugeschrieben und in speziellen Sammlungen zusammengestellt, den *Dicta Catonis*. Vielfach wurden aber auch in Rom Weisheitssprüche als anonyme Sprichwörter des römischen Volkes überliefert, während sie in Griechenland lieber einzelnen Weisen namentlich zugewiesen wurden, wohl infolge der Vorliebe der Griechen dafür, einen bestimmten Urheber oder Erfinder zu benennen.

Einige Aristokraten der republikanischen Periode erhielten ein *cognomen* (Beinamen), das ihre Weisheit rühmte. Am berühmtesten ist wohl Caius Laelius Sapiens (der Weise) im 2. Jh. v. Chr. Seinen Beinamen bekam er als Belohnung dafür, daß er ein Ackerreformgesetz nach Konflikten mit der Senatsmehrheit zu Anfang der 130er Jahre v. Chr. selbst zurückgezogen hatte. Wenige Jahre später eskalierte bekanntlich der Konflikt über ein ähnliches Reformgesetz des Volkstribunen Tiberius Gracchus, mit dessen politischem Wirken man oft den Beginn der Endphase der Römischen Republik verbindet, in offene Straßenkämpfe in Rom mit zahlreichen Todesopfern.

Die Rezeption der Tradition über die Sieben Weisen im republikanischen Rom soll hier nur exemplarisch knapp angedeutet werden anhand einiger Stellen der philosophisch-politischen Werke Ciceros, an der Exemplasammlung der *Facta et dicta memorabilia* (Bemerkenswerte Taten und Aussprüche) des Valerius Maximus und in der rhetorischen Tradition der *Institutio oratoria* (Redelehre) des Quintilian. Der berühmte Redner, Politiker und Philosoph Marcus Tullius Cicero (106–43 v. Chr.) ist der früheste der uns erhaltenen lateinischen Autoren, der sich in mehreren seiner Werke auf die Sieben Weisen als eine feste Gruppe bezieht. Wegen der überragenden Bedeutung der philosophischen und politischen Werke Ciceros auch in nachfolgenden Jahrhunderten und über die Antike hinaus ist seine Sicht auf die Sieben Weisen zugleich in deren Wirkungsgeschichte besonders bedeutsam. Im Traktat *De oratore* (Über den Redner) sagt Cicero (3,137): «Es gab sieben Männer zu ein und dersel-

ben Zeit, die man für weise hielt und auch so nannte. Sie standen alle außer dem Milesier Thales an der Spitze ihrer Staaten.»
Danach folgen erstaunlicherweise auch Hinweise auf den athenischen Tyrannen Peisistratos, der dank seiner Bildung und Ge-
lehrsamkeit an der Spitze des Staates gestanden sei. Hier ist der
peripatetische Einfluß des Dikaiarchos spürbar, der die *vita activa* der Weisen und ihre politische Rolle betont hatte. Es bleibt
aber angesichts der kritischen Haltung Ciceros gegen Tyrannen
in seinen Reden und Staatsschriften auffällig, daß die Rolle des
Peisistratos als Tyrann in Athen hier nicht negativ betont wird.

In dem staatsphilosophischen Hauptwerk *De re publica*
(1,12) betont Cicero ebenfalls: «Die sieben Männer vollends,
welche die Griechen ‹die Weisen› genannt haben, standen, wie
ich sehe, fast alle mitten im politischen Leben.» Dagegen wird
in den *Tusculanae disputationes* (Gespräche in Tusculum, 5,7)
nur der Kreis der Sieben Weisen als eine den Lesern Ciceros bekannte Gruppe evoziert, ohne daß auf einzelne Sätze oder auf
ihre politische Tätigkeit als eine bezeichnende Eigenschaft hin-
gewiesen würde. Auch andere fachphilosophische Schriften wie
De finibus bonorum et malorum (Von den Grenzen im Guten
und Bösen) nennen keine Namen (2,7): «Jene Sieben freilich
sind nicht auf Grund ihrer eigenen Meinung, sondern durch das
übereinstimmende Urteil aller Völker ‹Weise› genannt worden.»
Vor allem ist an dieser Stelle das übereinstimmende Urteil aller
Völker als Kriterium interessant. Im *Laelius* (2,7) wird die
Weisheit der alten griechischen Weisen mit stolzem Selbstbewußtsein mit der Weisheit führender Römer verglichen, insbesondere mit der namengebenden Person dieses Werkes, Caius
Laelius Sapiens.

Die Sieben Weisen und ihre auch außerhalb des sozialen Kon-
textes des archaischen Hellas in antiken Gesellschaften einsetz-
bare Spruchweisheit fanden auch Eingang in die in Rom ein-
flußreichen Sammlungen von *dicta et exempla*. So wird in der
Beispielsammlung eines Autors namens Valerius Maximus mit
dem Titel *Facta et dicta memorabilia* aus der Zeit des Kaisers
Tiberius unter den *exempla externa* (Beispielen aus dem Aus-
land) im 4. Buch an die Sieben Weisen der Griechen und ihre

moderatio (Bescheidenheit) in dem bekannten Agon um den Dreifuß als Preis für den Weisesten erinnert (4,1, ext. 7). Dieser Preis heißt hier abweichend von den griechischen Hauptvarianten eine *aurea Delphica mensa* (ein goldener delphischer Tisch bzw. Dreifuß). Die Milesier boten nach Valerius' Fassung der Geschichte den Preis zuerst dem Thales an, der ihn an Bias weitergab usw., bis er zu Solon gelangte, der ihn dem Gott Apollon selbst weihte.

Auch in der *Institutio oratoria* (der Redelehre), dem autoritativen kaiserzeitlichen Handbuch zur Ausbildung angehender Redner, des Marcus Fabius Quintilianus (ca. 35–100 n. Chr.) wird die Vertrautheit des Lesers mit den Sieben Weisen selbstverständlich vorausgesetzt, wenn der Redelehrer als rhetorische Frage in seinem langen Abschnitt über die Rolle der Beispiele in der Redekunst knapp feststellt: *illa septem praecepta sapientium nonne quasdam vitae leges existimamus?* («Halten wir nicht ferner die Lehren der Sieben Weisen für eine Art von Gesetzen für unsere Lebensführung?» 5,11,39). Der gelehrte Antiquar Aulus Gellius legt im 2. Jh. in seine fleißige Kompilation der *Noctes Atticae* (Attische Nächte) einen mit antikem Bildungswissen angefüllten Absatz über die Zahl Sieben ein, der sich stark auf ältere lateinische Werke unter anderem des spätrepublikanischen Staatsbeamten und Universalgelehrten Marcus Terentius Varro (116–27 v. Chr.) stützt und selbstverständlich ebenfalls der Sieben Weisen des frühen Griechenland gedenkt (3,10,16). Der Akzent der Rezeption der Sieben Weisen liegt generell in Rom auf der populärphilosophischen Spruchweisheit der Sieben, ihren *praecepta* oder Lebensregeln, die Quintilian treffend dann auch *vitae leges* nennt. Eine Erörterung der Fragen, wer zu diesem Kreis gehörte oder wann genau die Weisen gelebt hätten, ist für die Verfasser der *Institutio oratoria* oder der *Noctes Atticae* und ihre römischen kaiserzeitlichen Leser bereits entbehrlich.

Plutarchs Symposion der Sieben Weisen und seine delphischen Traktate

In Plutarchs *Symposion der Sieben Weisen* und seinen delphischen Traktaten fassen wir die wichtigste kaiserzeitliche Rezeptionsstufe der Tradition über die Sieben Weisen vor dem Werk des Diogenes Laertios. In den ältesten Quellen über Begegnungen der Weisen war von einem einzelnen oder mehreren der Weisen gleichzeitig die Rede. Erst später entstand dann die Geschichte vom Treffen aller Weisen an einem Ort und zu einem Symposion der Sieben Weisen. Ein solches Treffen wäre aus chronologisch-biographischen und aus praktischen Gründen nicht möglich gewesen. Es bleibt also eine spätere, rein literarische Konstruktion. Am besten faßbar sind uns antike Beschreibungen eines Symposions der Weisen in der entsprechenden Schrift Plutarchs, die aber sicherlich auf ältere Vorbilder zurückgeht. Es gab seit hellenistischer Zeit Dialoge, in denen die Sieben Weisen zu einem Treffen alle an einen Ort zusammengeführt wurden, nach Delphi, Korinth, Sardeis oder Didyma. Dort gab dann der für das archaische und klassische Hellas typische gesellschaftliche Rahmen eines Symposions – eines Gastmahls mit angeregten Gesprächen – die gewünschte Gelegenheit, die Spruchweisheit der Sieben Weisen darzulegen und weitere breitgefächerte populärphilosophische Fragen zu erörtern.

Plutarch aus dem boiotischen Chaironeia (ca. 45–125 n. Chr.) ist eine der sympathischsten Persönlichkeiten der Antike. Er war dem nahegelegenen delphischen Orakel und der apollinischen Religion sein Leben lang persönlich verbunden. Er übernahm viele Jahre auch Ämter in Delphi und wurde schließlich dort einer der beiden ständigen Priester. Chaironeia, Athen und Delphi waren die bedeutendsten Orte in Plutarchs Leben. In Anerkennung seiner Verdienste um Delphi errichteten ihm die Delphier nach seinem Tode zusammen mit den Bürgern von Chaironeia eine Portraitbüste. Delphi galt Plutarch als die bedeutendste Kultstätte des Gottes Apollon. Allerdings stellen die verschiedenen delphischen Traktate in den sogenannten *Moralia*-Schriften und viele Stellen in den Biographien Plutarchs den

Gott Apollon auf eine sehr unterschiedliche Art und Weise dar –
einmal als traditionellen Kult- und Orakelgott von Delphi, dann
aber auch als eine philosophisch gereinigte, abstrakt aufgefaßte
und allumfassende Gottheit. Plutarch orientiert sich in seinen
verschiedenen Schriften flexibel an der jeweiligen religiösen
Auffassung, die er für die Charaktere der jeweiligen Hauptper-
sonen bzw. die Erzähler oder Dialogpartner seiner Schriften als
passend erachtete. Außer im *Symposion der Sieben Weisen* zeigt
sich Plutarchs immense Kenntnis aller Fragen, die mit Delphis
Geschichte, dem Heiligtum und dem Apollonkult zusammen-
hängen, vor allem in drei erhaltenen Traktaten *Über die Orakel
der Pythia*, *Über das E in Delphi* und *Über die erloschenen Orakel*. Alle diese Texte bemühen sich, die ursprünglich enge Beziehung der Sieben Weisen zu Delphi wieder stärker ins Bewußtsein der kaiserzeitlichen Leser zu rücken.

Vermutlich war das *Symposion der Sieben Weisen* als eine
leicht lesbare Einführung in die philosophischen Lehren der ältesten Philosophen und der Sieben Weisen gedacht. Gewisse
Mängel in der Komposition erklären sich wohl bereits durch die
angestrebte Leserschaft. Eine möglicherweise anspruchsvollere
Behandlung des Themas hatte Plutarch in einer heute verlorenen, aber im Werkkatalog des Lamprias (Nr. 184) erwähnten
Arbeit *Über die ersten Philosophen und ihre Nachfolger* vorge-
legt. Das Thema der Sieben Weisen und ihrer Verbindung zu
Delphi berührte Plutarch persönlich. Denn auch der Gott von
Delphi war seiner Meinung nach ein Philosoph, und seine Philosophie äußerte sich komprimiert in den berühmten Tempelin-
schriften *Erkenne dich selbst* (eine von Plutarchs Lieblingsweis-
heiten) und *Nichts im Übermaß*. Durch diese Spruchweisheiten
habe der Gott das Infragestellen und Nachdenken der Menschen anregen wollen (*Über das E in Delphi* 1–2 = Moralia
384 d–385 d). Die Listen der Sieben Weisen, die Plutarch im
Symposion und weiteren Schriften gibt, gehen auf gelehrte hellenistische Quellen zurück, möglicherweise auf Hermippos von
Smyrna.

Plutarch steht als bei Ammonios ausgebildeter Philosoph und
herausragender Vertreter des Mittelplatonismus in einer durch

Philosophenschulen geprägten langen Tradition. In seinen Schriften fehlen typischerweise die beiden berühmten Tyrannen unter den Sieben Weisen, also Periandros und Kleobulos. Dies fällt um so mehr auf, als ja nach der Rahmenerzählung Plutarchs gerade der Tyrann Periandros der Gastgeber des Symposion in Lechaion, dem Hafenort Korinths, gewesen sei. Auch einige der politischen Maximen und Überlegungen, die die Weisen im Symposion vertreten, dürften einem amtierenden Tyrannen mißfallen haben. Aber es handelt sich ja um eine literarische Fiktion des Plutarch.

Die lange Diskussion darüber, ob das *Symposion der Sieben Weisen* tatsächlich von Plutarch selbst stammt, wurde durch einen heute vorherrschenden Konsens über die Echtheit beendet. Aber diese Schrift ist sicherlich nicht unter die philosophisch und literarisch besten Werke Plutarchs zu rechnen. Inkongruente Daten für Lebenszeiten von Personen oder Regierungszeiten sowie andere sachliche Probleme damit, alle Sieben Weisen zu einem Treffen an einen Ort wie Lechaion bei Korinth im 6. Jh. bei Periandros als Gastgeber zusammenzuführen, störten weder Plutarch noch andere antike Autoren solcher Schriften. Es nehmen an der Zusammenkunft in Plutarchs Werk nicht lediglich die üblichen Sieben Weisen teil, sondern insgesamt 17 Personen: Diokles, Periandros, Thales, Melissa, Neiloxenos, Solon, Bias, Pittakos, Chilon, Anacharsis, Eumetis (Kleobuline), Kleobule, Ardalos, Äsop, Kleodoros, Mnesiphilos und Chersias. Die Kerngruppe der Weisen, Solon, Bias, Thales, Anacharsis, Kleobulos, Pittakos und Chilon, nicht aber Periandros (über ihn vgl. Moralia 151e, 154d–e), wird im Gespräch deutlich von den weniger wichtigen Personen getrennt. Einige davon, z.B. den Neiloxenos, scheint Plutarch aus literarischen Gründen frei erfunden zu haben. Auffällig ist die aktive Teilnahme auch von Frauen am ersten Teil des Symposions. Außer der Präsentation zahlreicher Spruchweisheiten der Sieben Weisen und einer Serie von Rätselfragen und Antworten im ersten Teil (Moralia 146b–156a) werden später bis zum Ende der Schrift (164d) auch sehr verschiedene philosophisch-politische Themen wie die Tyrannis und das Königtum, das Verhältnis von Körper und Seele usw.

diskutiert. Mehrfach bemüht sich Plutarch, formal und stili-
stisch an platonische Dialoge zu erinnern, vor allem an das
Symposion und den *Phaidros,* und platonische Lehren anklin-
gen zu lassen, da er persönlich dieser Philosophenschule nahe-
stand. Dies wird in diesem Werk beispielsweise aus den Ausführungen über die Überlegenheit der Seele über den Körper
klar. Wie viele andere Traktate Plutarchs erörtern auch seine
delphischen Schriften und das *Symposion der Sieben Weisen* das
zeitlose Thema des Verhältnisses von Philosophie und Religion.
Der zweite Teil des plutarchischen Symposions ähnelt in seinen
vielfältigen Themen und im Stil Plutarchs bekanntem Traktat
über *Gebildete Fragen bei Tischgesprächen* (*Quaestiones convi-
vales*).

Anacharsis ist vielleicht die wichtigste Person des Symposions
Plutarchs, gefolgt von Thales und Solon. Gegenüber diesen drei
Weisen fallen die übrigen Weisen in ihrer Bedeutung klar ab.
Andere Gesprächsteilnehmer hingegen erhalten besonders im
zweiten Teil eine prominente Bedeutung, darunter der Dichter
Äsop. Er stand nach der biographischen Tradition wegen seiner
niedrigen sozialen Herkunft als Sklave dem aristokratisch-elitä-
ren Kreis der Sieben Weisen üblicherweise weit fern. Nicht einmal die umfangreichsten Listen von Weisen bei Hermippos,
Hippobotos oder Diogenes Laertios rechneten Äsop zu den Sieben Weisen. Aber es gibt doch auch Überschneidungen zwischen
der populären Ethik und den Lebensregeln, welche die äsopi-
schen Fabeln vermitteln, und der Spruchweisheit der Sieben
Weisen.

Diogenes Laertios' Werk als wichtigste kaiserzeitliche Zusammenfassung der älteren Traditionen

Die Sieben Weisen waren in der römischen Kaiserzeit Symbolfiguren einer überzeitlichen und in ihren Maximen greifbaren
praktischen Ethik geworden. Daher blieben sie auch für das Pu-
blikum der hohen und späten Kaiserzeit trotz der gewaltigen
politisch-sozialen und kulturellen, auch religiösen Unterschiede
zum 7. und 6. Jh. v. Chr. weiterhin von hohem Bildungswert.

Das breitere Interesse an der Geschichte der Philosophie und den Hauptlehren wichtiger Philosophen bedienten damals auf ganz unterschiedlichem Niveau Werke unterschiedlicher Gattungen, darunter Biographien, Sukzessionswerke über die Abfolge von Lehrern und Schülern philosophischer Schulen, Doxographien über die Lehrmeinungen einzelner Philosophen oder Schulen, Einführungen in die gesamte Philosophie oder in eine bestimmte Schulrichtung. Durch die Ungunst der Überlieferung hat sich von zahlreichen ähnlichen kompilatorischen Traktaten zur Geschichte der Philosophie vollständig nur das Werk des Diogenes Laertios erhalten. Über die Quellen und Arbeitsweise des Diogenes Laertios sowie seine Rezeption gibt es eine reiche Fachliteratur (vgl. etwa aus jüngerer Vergangenheit Mejer 1978, Gigante 1986, 7–102, Mejer 1994, 824–833, Runia 1997, 601–603 und Dorandi 2009).

Über das Leben des Diogenes Laertios, des Verfassers der zehn Bücher über *Leben und Meinungen berühmter Philosophen*, ist nichts Sicheres bekannt. Er tritt uns ausschließlich in seinem Werk entgegen. Auch die Abfassungszeit seines Werkes läßt sich nur ungefähr erschließen. Vorschläge in der jüngeren Forschung nennen das späte 2. oder frühe 3. Jh. n. Chr. In der Diskussion über die Lebenszeit des Diogenes Laertios wird notgedrungen mit Indizien argumentiert, die sich aus dem Werk selbst ergeben. Man bestimmt die spätesten von ihm erwähnten Philosophen und Schulrichtungen oder argumentiert umgekehrt mit seinem Schweigen über berühmte Philosophen und spätantike Schulrichtungen, die ihm noch unbekannt sind. Eindeutig sicher zitiert wird Diogenes erst im 6. Jh. von Stephanos von Byzanz (der sich auf einen älteren Autor Sopatros im 4. Jh. beruft). Späteren byzantinischen Gelehrten, etwa dem Patriarchen Photios im 9. Jh. oder den Verfassern der Artikel des *Suda*-Lexikons im 10. Jh., gilt Diogenes gar als Autorität für die ältere griechische Philosophie.

Das Werk des Diogenes Laertios ist eine fleißige Kompilation älterer biographischer und doxographischer Vorlagen, die wenig literarische oder philosophisch-gedankliche Originalität zeigt. Man kann unterscheiden zwischen seinen Hauptquellen

für einzelne Philosophen und Epochen und ergänzenden Neben-
quellen. Immerhin bringt Diogenes insgesamt 1186 explizite
Hinweise auf 250 verschiedene ältere Autoren vor und nennt
365 unterschiedliche Buchtitel als Quellen, abgesehen von weiteren 350 anonymen Verweisen. Nur in wenigen Fällen ist es
möglich, Paraphrasen oder Zitate des Diogenes mit den vollständig erhaltenen Vorlagen direkt zu vergleichen. Aufgrund
des Unterganges wertvoller älterer Quellenschriften des Diogenes aus der spätklassischen und hellenistischen Epoche in der
Überlieferung wird das Werk des Diogenes aus heutiger Sicht
trotz seines schlichten gedanklichen Niveaus zu einer Schlüssel-
quelle für das Leben und die Meinungen der älteren griechischen Philosophen von der archaischen Epoche bis zur Zeiten-
wende. Entscheidend wichtige Fragmente antiker Biographien
und Doxographien sind oft lediglich bei Diogenes Laertios
überliefert.

In der älteren Forschung herrschte nun eine sehr schlechte
Meinung über die Qualitäten des Diogenes als Philosophenbio-
graph und Philosophiehistoriker vor. Man schätzte ihn lediglich
wegen der in seinem Werk überlieferten zahlreichen und bedeutenden Fragmente älterer Autoren. Die Quellenforschung bestimmte weitgehend die Studien zu Diogenes. In der jüngeren
Forschung ist inzwischen allerdings eine gesteigerte Wertschät-
zung des Diogenes zu beobachten. Man anerkennt jetzt stärker
seinen Fleiß in der Auswertung zahlreicher, auch gelehrter und
bereits seltener Werke. Dies sehen wir z. B. auch in den Notizen
zu den Sieben Weisen im Buch 1, für die sich Diogenes mehrfach
auf seltene und gelehrte Autoren wie Hermippos oder Hippobotos stützt. Ferner untersucht man inzwischen in der Dioge-
nesforschung verstärkt die Auswahlkriterien des Kompilators
Diogenes für sein Material im Vergleich mit anderen antiken historischen oder biographischen kompilativen Werken.

Zur umstrittenen Chronologie der Personen, die zum Kreis
der Sieben Weisen gerechnet wurden, ist Diogenes Laertios keine große Hilfe. Für präzise Jahresdatierungen nennt Diogenes
athenische Archontenjahre bzw. oft auch zusätzlich noch Olym-
piadenjahre. Generell folgt er gerne in der Festlegung von Ge-

burts- und Todesjahren sowie der Blütezeit wichtiger Philosophen der Chronologie des hellenistischen Gelehrten Apollodoros aus Athen im 2. Jh. v. Chr. Aber gerade zu den älteren Weisen
im Buch 1 bevorzugt Diogenes auch mehrfach alternative Da-
tierungen aus der hellenistischen biographischen Literatur (Hermippos, Sotion) oder den Sukzessionswerken über Philosophenschulen mit Reihen von Lehrern und Schülern (Sosikrates, Hippobotos).

Schon aus seiner Vorrede zum Werk erkennt man drei Schlüs-
selthemen und Leitthesen des Diogenes (1,1–12):

1) Die Philosophie war von Anfang an und blieb bis in seine eigene Lebenszeit hinein eine spezifisch hellenische Erfindung
   und Errungenschaft. Daher weist Diogenes nicht nur barba-
   rische Einflüsse (aus Ägypten, Persien oder Indien) auf einzelne Philosophen oder auf die Ausbildung der gesamten Disziplin zurück, sondern er ignoriert auch die beachtlichen Bei-
   träge römisch-lateinischer Autoren, z. B. des Lukrez, Cicero
   oder Seneca zur Weiterentwicklung bestimmter Lehrmeinungen griechischer Philosophen.

2) Es gab vor der Ausbildung einer philosophischen Fachdis-
   ziplin bereits eine bedeutende Periode der älteren griechischen
   Weisheitslehre. Diese verkörperte sich in den Sieben Weisen
   und ihrer Spruchweisheit. Dieser Gedanke ist in unserem Zusammenhang besonders wichtig. Er veranlaßte Diogenes, den
   Weisen der archaischen Epoche lange Passagen des 1. Buches
   zu widmen.

3) Danach erst entstand die gesamte griechische Fachphiloso-
   phie angeblich aus zwei Wurzeln, einerseits der ionischen Naturphilosophie in der Nachfolge des Anaximander, andererseits aus den Lehren des Pythagoras und der italisch-sizilischen Schule. Es folgen dann ausführliche Sukzessionsreihen
   der griechischen Philosophenschulen.

Aus dieser Sicht auf die Entwicklungsgeschichte der Philosophie erklärt sich auch der Aufbau des gesamten Werkes des Diogenes: Buch 1 handelt über die Sieben Weisen und Thales, 2
über die ionische Linie seit Anaximander und bis zu Sokrates
und den Sokratikern, 3 über Platon, 4 über Platons Nachfolger

in der Akademie bis Kleitomachos, 5 über Aristoteles und seine Nachfolger im Lykeion, 6 über Antisthenes, Diogenes und die Kyniker, 7 über Zenon und die Stoiker, 8 über die italisch-sizilische Linie, beginnend mit Pythagoras und Empedokles, 9 über verschiedene keiner bestimmten Schule oder Richtung (*hairesis*) zuzuweisende Philosophen wie Heraklit, Demokrit oder Pyrrhon den Skeptiker, und 10 schließlich über Epikur und seine Schule.

Die Kompilation des Diogenes behandelt die einzelnen Philosophen und die Schulrichtungen ungleichmäßig ausführlich. Das gilt auch bereits für die Sieben Weisen im ersten Buch. Diogenes liebt es, sein biographisches Material in thematische Rubriken geordnet zu präsentieren. In dieser Eigenart wird der Einfluß der spätklassischen und hellenistischen Gelehrtenbiographie auf Diogenes gut faßbar. Er beginnt gerne mit dem Namen des Vaters und der Herkunft eines Philosophen sowie seinen Lehrern, dann folgt oft ein Hinweis auf seine ‹akme›, die ungefähre Blütezeit seines Wirkens. Es schließen sich mehr oder weniger zahlreiche charakteristische Anekdoten aus dem Leben des Philosophen an. Diogenes teilt die verbreitete antike Auffassung, daß es eine innere Beziehung zwischen dem Leben und den Lehren eines Philosophen gebe. Dann liest man – gerade bei den Sieben Weisen – typische Sentenzen und berühmte Lehrsätze der Philosophen. Nur äußerst selten macht Diogenes einen Versuch, das gesamte Lehrgebäude eines Philosophen systematisch vorzustellen, wie bei dem Skeptiker Pyrrhon (9,69–108). Bei vielen wichtigen Philosophen gibt Diogenes schließlich Werklisten an und erwähnt homonyme (gleichnamige) Personen. Geburt und Abstammung, Heimatort, persönliche Eigenschaften, Ehe, sexuelle Vorlieben und allgemeines Sozialverhalten, bekannte Freunde und Gegner, Lehrer und Schüler, Reichtum oder Armut, Reisen, Verwicklung in Prozesse, Alter, Krankheiten und nähere Todesumstände, Epigramme, Grabmäler und Ehrungen für verstorbene Philosophen bilden die breitgestreuten, typisch biographischen Interessengebiete des Diogenes Laertios.

Die Sieben Weisen werden im ersten Buch vergleichsweise

knapper behandelt als später die bedeutenden Schulgründer der Philosophenschulen. Zunächst einmal dürfte Diogenes über Philosophen der späteren Zeit mehr Material zur Verfügung gestanden haben als für die Weisen der archaischen Epoche. Aber die relative Knappheit seiner Ausführungen hängt sicherlich auch damit zusammen, daß die Personen, die zum Kreis der Sieben Weisen gerechnet wurden (vielleicht mit Ausnahme des Thales und des Pythagoras), eben noch keine philosophische Schulrichtung mit Lehrmeinungen und noch keine Abfolge von Lehrern und Schülern begründeten. Diogenes legt großen Wert auf die berühmtesten Maximen der Weisen, während er ihre sonstigen wissenschaftlichen und philosophischen Leistungen nur streift. Er nennt von Thales mehr Kernsprüche als von den übrigen Weisen, was Thales bereits in diesem Kreis auszeichnet.

Einleitend definiert Diogenes Laertios bereits in *Leben und Meinungen der berühmten Philosophen* den Begriff des Weisen und nennt (1,13) dann als «Weise» der alten Zeit zum ersten Male die folgende ‹Standardliste› von sieben Namen: Thales, Solon, Periandros, Kleobulos, Chilon, Bias, Pittakos. «Hinzugezählt» worden seien diesen aber noch Anacharsis, Myson, Pherekydes und Epimenides, von einigen auch der athenische Tyrann Peisistratos. Die ausführlichste Stelle mit namentlichen Verweisen auf eine Reihe von älteren Autoren über die Sieben Weisen, aus denen sich eine Liste von 21 Namen erstellen läßt, liest man in 1,40–42. Da an anderen Stellen im ersten Buch noch der Athener Peisistratos (1,13, 1,108 und 1,122) und ein Periandros aus Ambrakia (1,98–99) erwähnt werden, die ebenfalls von bestimmten Autoren zu den Weisen gerechnet wurden, ergibt dies eine beachtliche Gruppe von 23 Personen des 7. bis 5. Jh.s v. Chr., die nach Erkenntnissen des Diogenes Laertios von antiken Autoritäten vor seiner Zeit jemals zum Kreis der Weisen gezählt wurden.

Seine Auswahl der Informationen aus einer riesigen Masse der zur Verfügung stehenden älteren Tradition erfolgt auch mit Blick auf die Leserschaft, für die Diogenes schreiben möchte. Unter dieser sollte man sich nicht primär professionelle antike

Philosophen und sonstige ‹wissenschaftlich› gebildete Leser der Kaiserzeit vorstellen, sondern eher durchschnittlich gebildete Laien, die sich schnell einen systematisch aufbereiteten Überblick über das elementare und unverzichtbare Wissen zu den berühmten älteren Philosophen verschaffen wollten. Solche Kenntnisse waren wegen des hohen Ansehens der Philosophie und der Präsenz der Philosophen als öffentlicher Figuren nötig, um keine gesellschaftlichen Schnitzer zu begehen.

Die ausführliche Liste des Diogenes umfaßt folgende Personen:

– Akusilaos von Argos
– Anacharsis der Skythe
– Anaxagoras von Klazomenai
– Aristodemos von Sparta
– Bias von Priene
– Chilon von Sparta
– Epicharmos aus Sizilien
– Epimenides aus Kreta
– Kleobulos von Lindos
– Lasos von Hermione
– Leophantos von Lebedos
– Linos aus Theben
– Myson aus Chen(ai)
– Orpheus
– Pamphylos
– Periandros von Korinth
– Pherekydes aus Syros
– Pittakos von Mytilene
– Pythagoras aus Samos
– Solon aus Athen
– Thales von Milet.

Hinzu kommen ebenfalls im 1. Buch, aber an anderen Stellen genannt, noch Peisistratos aus Athen und Periandros von Ambrakia.

Auf das Leben, öffentliche Wirken und die Aussprüche gerade dieser genannten Personen soll jetzt ausführlicher eingegangen werden. Dabei wird das Hauptgewicht auf jene sieben

Personen gelegt, die in der ‹Standardliste› der Sieben Weisen zumeist aufgeführt wurden, also auf Thales, Solon, Periandros, Kleobulos, Chilon, Bias und Pittakos. Eben dieser Gruppe sowie auch Anacharsis, Myson, Epimenides und Pherekydes als den nach seiner Meinung bedeutendsten übrigen archaischen Weisen widmet Diogenes Laertios im ersten Buch von *Leben und Meinungen der berühmten Philosophen* jeweils eigene Abschnitte zu ihrem Leben, ihren Lehren, Werken und Aussprüchen. Ich beginne wegen ihrer Bedeutung mit den am häufigsten genannten Sieben Weisen (in alphabetischer Abfolge) und schließe daran kurze Notizen über die übrigen von Diogenes erwähnten Personen an:

Bias aus Priene   Bias aus dem kleinasiatischen Priene starb wohl nach 546 v. Chr. Bias gilt regelmäßig bei allen wichtigen Autoren seit dem 4. Jh. als einer der Sieben Weisen, nach einer bestimmten antiken Traditionslinie schätzte man ihn sogar als Weisesten der Weisen. Auch Diogenes Laertios widmete ihm daher einen eigenen Abschnitt (1,82–88). Bias stammte aus einer führenden Familie Prienes. Er soll angeblich lange Reisen zu König Kroisos nach Lydien und nach Ägypten zu König Amasis unternommen haben. Bias ist ein gutes Beispiel für die hohe politische Aktivität der meisten Weisen. Er war berühmt wegen seiner Redekunst, als Rechtsvertreter vor Gericht und als gerechter Richter. In hohem Alter soll er unmittelbar nach einer Verhandlung als erfolgreicher Rechtsbeistand gestorben sein. In späteren Quellen wird Bias in Priene eine herausgehobene Position als öffentlicher Schiedsrichter bzw. ‹aisymnetes› mit gesetzgeberischer Gewalt zugeschrieben. Dies könnte aber vielleicht eine spätere Konstruktion sein. Fraglich ist auch, ob sein von Herodot (1,170) überlieferter Rat als historisch anzusehen ist, daß nach der Zerschlagung des Lyderreiches des Kroisos 546 v. Chr. die Priener und die übrigen Ionier vor den siegreich vorrückenden Persern ausweichen und nach Sardinien auswandern sollten. Es wird ferner über eine Gesandtschaft berichtet, bei der Bias friedlich und auf listige Weise die Beilegung eines Streites zwischen Samos und Priene erreicht habe. Mit einer Kriegslist

soll Bias den Lyderkönig Alyattes, als der einmal Priene belager-
te, über die angeblich großen Vorräte in der Stadt getäuscht und
zur Aufgabe der Belagerung gebracht haben. Kurz bevor alle
Vorräte zur Neige gingen, ließ Bias wohlgenährte Maulesel in
das Lager der Gegner treiben und täuschte geschickt lydische
Unterhändler über die Menge der Vorräte der Belagerten. Bias
war in seiner Polis Priene hoch geehrt. Postum wurde ihm ein
sakraler Bezirk geweiht (*temenos*), der nach Bias' Vater Teut-
ames das Teutameion genannt wurde.

Bias galt als Verfasser eines Gedichtes über Ionien in 2000 Versen und zahlreicher Spruchweisheiten, sowie zusammen mit
Kleobulos unter den Weisen als ein Spezialist für schwierige Rätselfragen und deren überraschende Lösung. Zahlreiche Anekdoten, Maximen und Apophthegmata wurden dem Bias zugeschrieben, deren Authentizität wie üblich im Einzelfall kaum nachzu-
weisen ist. Sie rufen in einem ‹delphischen› Sinne zur Vorsicht,
zum Maßhalten, zur Frömmigkeit sowie zu positivem Sozialverhalten in der Polis auf. Beispielsweise soll Bias gesagt haben: «Un-
glücklich sei einer, der das Unglück nicht zu ertragen verstehe.»
«Eine Krankheit der Seele sei es, sich in etwas Unmögliches zu
verlieben und fremder Leiden nicht zu gedenken.» Als besonders
schwer bezeichnete er es, «den Umschlag zum Schlimmen mit ed-
lem Mut zu ertragen». Unterwegs auf einer Schiffahrt mit gottlosen Leuten zusammen geriet er in einen Sturm. Als dann selbst
diese Menschen die Götter um Hilfe anriefen, wies er sie scharf
zurecht: «Schweigt still, damit die Götter nicht merken, daß ihr
hier auf dem Schiff seid.» Auf seinen Ruhm als Richter bezieht
sich seine Maxime, daß er «lieber Recht unter Feinden als unter
Freunden spreche. Denn von den Freunden werde unvermeidlich
einer dann sein Feind werden, von den Feinden aber einer sein
Freund.» Vielleicht am berühmtesten sind der lebensklug pessi-
mistische Rat, «man solle so lieben, als ob man später hassen
würde» und die Mahnung des Bias, «die Schlechten seien in der
Überzahl» (Diels-Kranz VS 10).

Chilon aus Sparta Chilon war ein einflußreicher Spartaner mit
Heiratsverbindung zu den beiden spartanischen Königshäusern,

der das Ephorat (Aufseheramt, höchste kollegiale Jahresmagi-
stratur) reformierte und dieses in seinen Kompetenzen gegenüber den Königen und der Apella (Volksversammlung) gestärk-
te Amt selbst bekleidete. Antike Autoren datieren das berühmte
Ephorat Chilons, des Sohnes des Damagetos, auf ca. 560 bis
553 v. Chr. Außerdem wird Chilon zusammen mit dem spartanischen König Anaxandridas als dafür verantwortlich bezeichnet, daß Sparta seit der Mitte des 6. Jh.s eine tyrannenfeindliche
Außenpolitik verfolgte. Auch Chilon ist ein illustratives Beispiel
für den hohen Grad an politischer Aktivität und den maßgebli-
chen Einfluß vieler Weiser auf ihre Poleis. Chilon war berühmt
für seine elegischen Dichtungen und seine Lebensweisheit und
in Sparta hoch geehrt. Denn nach seinem Tode wurde ihm ein
Heroon geweiht, ein heiliger Bezirk eines Heros mit einem Kult
(Pausanias 3,16,4). Mehrere Geschichten berichten von seinen
außerordentlichen Fähigkeiten in der Opfer- und Vorzeichen-
deutung und von Voraussagen beispielsweise über die Bedeutung der Insel Kythera, die vor der Küste Spartas liegt. Sekundär
überliefert bei Herodot (7,235), Plutarch (*Symposion der Sieben Weisen*), Diogenes Laertios (1,68–73) und später bei Stobaios in der *Anthologia* sind umfangreiche Sammlungen seiner
auffordernden Aussprüche, *Parangelmata*, deren lakonische
Kürze hervorsticht. Man nannte dies auch die ‹Chilonische Ausdrucksweise› (Aristagoras aus Milet FGrHist 608 F 11). Sein
berühmtester Spruch war allerdings in seiner genauen Bedeutung unter antiken Interpreten umstritten: «Bürgschaft – schon
ist Unheil nahe». Er bezieht sich aber offensichtlich doch jedenfalls primär auf den juristischen Sachverhalt, demzufolge ein
Bürge für einen anderen die Verantwortung für eine in der Zukunft möglicherweise zu erbringende Leistung übernimmt, deren
volle Tragweite und Belastung der Bürge im Moment des Bürg-
schaftsversprechens oft noch gar nicht absehen kann. In vielen
Poleis Griechenlands verschärfte sich bekanntlich im 6. Jh. das
Problem der Verschuldung vieler Bürger, das häufig zu der Skla-
verei ähnlichen Formen der Schuldknechtschaft führen konnte.
Ein wichtiges Beispiel außerhalb Spartas und der Peloponnes ist
Athen vor den Solonischen Reformen. Wenige antike Autoren

schrieben Chilon auch das berühmte «Nichts im Übermaß» zu, das meist aber dem Solon zugerechnet wurde, oder das ähnlich bekannte «Erkenne dich selbst», das meist jedoch auf Thales zurückgeführt wurde. Andere Aussprüche Chilons waren weitverbreitet. Z. B. antwortete er auf die Frage, wodurch sich die Gebildeten von den Ungebildeten unterscheiden: «durch gute Hoffnungen». Was sei schwer? «Geheimnisse zu verschweigen, über seine freie Zeit richtig zu verfügen und imstande zu sein, widerfahrenes Unrecht zu ertragen.» Man solle «sich zu seinen Freunden schneller aufmachen, wenn es ihnen schlecht gehe, als wenn es ihnen gut gehe». «Mit Schleifsteinen prüfe man das Gold, und es gebe sich klar zu erkennen, aber am Gold zeige sich die Sinnesart der Männer, ob sie gut oder schlecht seien.» «Der Starke müsse milde sein, sonst werde er von seinen Nächsten mehr gefürchtet als hoch geachtet», und «über das Unglück anderer solle man nicht lachen».

Kleobulos aus Lindos Kleobulos war ein Tyrann aus Lindos auf der dorischen Insel Rhodos in der Zeit des 7. bis 6. Jh.s, der seit dem 4. Jh. zu der Kerngruppe der Sieben Weisen gerechnet wurde (Diogenes Laertios 1,89–93). Er verfaßte bekannte Lieder und Rätsel im Umfang von ca. 3000 Versen. Als eines der am weitesten verbreiteten Rätsel des Kleobulos erzählte man dieses: «Vater ist einer, der Kinder zwölf, von diesen zählt jedes wiederum zweimal dreißig, doch zwiefach beschaffen im Aussehen. Die einen sind weiß anzuschauen, die anderen schwarz. Beide sind zwar unsterblich, doch schwinden sie alle vorüber.» Die Auflösung lautet das Jahr mit seinen Monaten, Tagen und Nächten. Kleobulos zeigt deutlich die große Breite der poetischen Schöpfungen einiger Weiser. Denn er galt auch als Autor eines moralisierenden *Skolions* (eines Trinkliedes zum Symposion) und eines hexametrischen *Grabgedichtes* auf den Phrygerkönig Midas. Gerade dieses Werk wurde früh bereits von Platon und Simonides zitiert und von letzterem ironisch kritisiert (Fr. 581 Page). Die biographische Tradition rühmt ausdrücklich auch die Körperkraft und Schönheit des Kleobulos. Kleobulos sei zudem mit der ägyptischen Weisheit gut bekannt gewesen.

Etwa 20 Spruchweisheiten wurden dem Kleobulos zugewiesen, als berühmtester Kernspruch «Maß ist das Beste». Andere bekannte Maximen lauteten: «Unbildung überwiegt unter den Menschen bei weitem und leerer Wortschwall, aber der rechte Zeitpunkt wird das Seinige tun.» Man solle «den Freund durch Wohltaten erfreuen, um die Freundschaft zu festigen, den Feind aber müsse man sich zum Freunde machen. Denn man solle sich ebenso hüten vor dem Tadel der Freunde wie vor den Nachstellungen der Feinde.» Viele für die Sozialgeschichte des archaischen Griechenland aufschlußreiche Lebensregeln betreffen häusliche Verhältnisse, so etwa «die Kinder gut zu erziehen, die Töchter zu verheiraten, wenn sie noch in jungfräulichem Alter stünden, aber an Einsicht doch schon Frauen seien, mit der eigenen Frau in Gegenwart anderer nicht zärtlich zu sein noch auch mit ihr zu zanken, denn das eine sei Unverstand, das andere Tollheit». Man solle eine Frau aus gleichem Stande wählen. Denn «wenn man eine Gattin aus höherem Stande wähle, so mache man sich deren Verwandte zu Gebietern». Einen betrunkenen Sklaven solle man nicht züchtigen, denn das erwecke den Verdacht der eigenen Trunkenheit. Wenn einem das Glück lächele, solle man nicht übermütig werden, gehe es einem aber schlecht, so lasse man sich nicht dadurch zu Boden werfen (Diels-Kranz VS 10, S. 63,1–12).

Bemerkenswert ist schließlich, daß die antike Tradition dem Kleobulos als einzigem der Sieben Weisen eine Tochter namens Kleobuline (bzw. nach einer anderen Namensvariante Eumetis) an die Seite stellte. Sie wird ebenfalls als eine Dichterin poetischer Rätselfragen in elegischen Distichen oder Hexametern bis in die Kaiserzeit gerühmt, war also sozusagen eine weibliche griechische Weise. Im allgemeinen aber bleibt der Kreis der Sieben Weisen exklusiv männlich, wie man es im kulturellen Umfeld des archaischen Griechenland auch erwarten muß. Eine gewisse ‹Geschlechtergerechtigkeit› in der Weisheitstradition wurde allerdings durch die berühmten Seherinnen der griechischen Antike und inspirierte ‹Prophetinnen› erreicht, insbesondere die Sibyllen. Während Heraklit und später Ephoros im 4. Jh. noch unter der Sibylla eine bestimmte Person verstanden, stritten sich bereits in frühhellenistischer Zeit mehrere Städte um die Ehre, Sibyllas Heimatort zu sein (Herakleides Pontikos Fr. 130–131 Wehrli SdA VII). Bald entwickelte sich Sibylla vom Namen einer bestimmten Person zu einem Gattungsnamen für eine antike Prophetin und Seherin, der sich fest mit mehreren Orten verband, beispielsweise mit dem berühmten süditalischen Cumae oder dem kleinasiatischen Orakelort Erythrai.

Periandros aus Korinth Periandros folgte als Tyrann in Korinth gegen 627 v. Chr. auf seinen Vater Kypselos und regierte diese wichtige Handelspolis 40 Jahre bis ca. 587. In die Herrschaft dieses harten Tyrannen und zugleich Weisen fällt eine ausgesprochene Blütezeit Korinths in wirtschaftlicher und politisch-militärischer Hinsicht durch Handelsbeziehungen, Koloniegründungen und militärische Siege. In der Zeit des Periandros wurden Korkyra, Apollonia und Epidamnos an der Adriaküste von Korinth kontrolliert sowie Potideia als einzige Kolonie Korinths in der Nordägäis gegründet. Periandros legte auch den künstlichen Hafen Lechaion an, wodurch Korinth zu den wenigen griechischen Poleis rechnete, die nach zwei unterschiedlichen Meeresgebieten hin einen Doppelhafen nutzen konnten. Periandros kann als einer der energischsten und machtbewußtesten Tyrannen der archaischen Zeit bezeichnet werden. Auch zu dem Orakelzentrum und panhellenischen Festort Delphi unterhielt Periandros ausgezeichnete Verbindungen. Da keiner seiner Söhne Periandros überlebte, konnte er seine bereits bedrohte Herrschaft nur an einen Neffen weitergeben, der aber bald gestürzt wurde.

Schon früh und von vielen angesehenen Autoren wurde Periandros zum Kreis der Sieben Weisen gezählt, aber auch bereits von Platon und danach von anderen philosophischen Autoren wegen der grausamen Seiten seiner Herrschaft als Tyrann aus diesem vorbildlichen Kreis wieder gestrichen (Diogenes Laertios 1,94–100). Man beachte allerdings auch das ausgewogenere Urteil des Aristoteles (Fr. 611,20 Rose), der Periandros von krasser Ungerechtigkeit und tyrannischer Willkür freispricht. Herodot (5,92, vgl. Aristoteles *Politik* 1311 a 20–22) berichtet von dem berühmten Rat des Tyrannen Thrasybulos von Milet an seinen Kollegen Periandros, gefährliche Rivalen frühzeitig und gründlich zu eliminieren, den der Milesier ohne viele Worte durch eine drastische Geste verdeutlichte: Er ging über ein Kornfeld und hieb mit dem Schwert die nach oben herausragenden Ähren ab. Antike Zeugnisse weisen bei Periandros (wie bei anderen Weisen) auf gute Verbindungen zu Delphi und Olympia als panhellenischen Heiligtümern, in die ionische Welt nach Milet, nach Lydien und bis nach Ägypten.

Eine große Anzahl von vermutlich teils legendenhaften Geschichten und Anekdoten verbindet sich mit Periandros, die meist bei Herodot im 1. und 3. Buch der *Historien* und bei Diogenes Laertios in Buch 1 überliefert sind. Durch seine gesetzgeberische Tätigkeit blieb Periandros in guter Erinnerung. Er soll Luxusgesetze erlassen haben und gegen Müßiggang, Landflucht und das Vordringen der Sklavenwirtschaft eingetreten sein, sowie die ländliche Bauernbevölkerung gegen die starke Zunahme der Einwohner des Poliszentrums unterstützt haben. Auf eine regelmäßige Besteuerung der Korinther soll Periandros verzichtet und sich statt dessen mit den durch den blühenden Handel hohen Markt- und Hafenabgaben in Korinth begnügt haben. Spätere Traditionen sahen ihn wie andere archaische Tyrannen als einen Förderer der Künste und insbesondere des Dichters Arion. Andererseits berichtet Diogenes (wohl dem Philosophen Herakleides Pontikos aus dem 4. Jh. folgend), daß Periandros seine Frau durch den Wurf mit einem Schemel oder einen Fußtritt umgebracht habe und (nach dem Philosophen Aristippos aus Kyrhene im 5. bis 4. Jh.) daß Periandros mit der eigenen Mutter ein sexuelles Verhältnis gehabt habe. Für Grausamkeit und List, die man Periandros nachsagte, kann die folgende (aus Tyrannenfeindschaft wohl erfundene) Geschichte darüber beispielhaft sein, wie er seine Grabstätte unkenntlich gemacht habe: Periandros habe zwei jungen Männern befohlen, eines Nachts auf einem vorher genau bezeichneten Weg die Person, die ihnen entgegenkommen werde, totzuschlagen und dann zu beerdigen. Dann sollten vier andere Männer gegen diese zwei ersten ausziehen, diese töten und sie beerdigen, und schließlich

gegen diese vier Männer eine noch größere Anzahl mit dem gleichen Auftrag. Er selbst sei dann den ersten zwei Männern ent-
gegengegangen und so von ihnen an später unbekannter Stelle
getötet worden, weswegen ihm in Korinth lediglich ein Keno-
taph errichtet worden sei.

Periandros dichtete angeblich an die 2000 Verse. Sein berühmtester Spruch, der auch auf Portraithermen aufgezeichnet
wurde, lautete: «Übung ist Alles». Aus der Erfahrung als Tyrann mag das vorsichtige Wort geschöpft sein: «Wer sicher herr-
schen wolle, müsse sich durch Wohlwollen schützen, nicht
durch die Waffen der Leibwächter.» Doch Periandros galt zugleich als erster Stadtherrscher im antiken Hellas, der sich eine
Leibwache gehalten habe, ein für spätere antike Tyrannen typisches Kennzeichen. Als man Periandros gefragt habe, warum er
nicht auf die Herrschaft verzichte, habe er geantwortet, «weil
der freiwillige Rücktritt ebensoviele Gefahren in sich berge wie
der erzwungene». Sonderbar im Munde eines Tyrannen, aber
nicht völlig unvorstellbar ist auch der für ihn überlieferte Satz,
«die Volksherrschaft sei besser als Tyrannenherrschaft». Zur
Herrschaftssicherung trug gewiß der rechtstheoretisch allerdings bedenkliche Satz bei: «Bestrafe nicht nur die Vergehen,
sondern auch die Absicht dazu.» Ihm wurden auch die folgenden, zeitlos gültigen Aussprüche zugeschrieben: «Tue nichts
des Geldes willen, weil man nur das Gewinnenswerte zu gewin-
nen suchen muß.» «Die Lust sei vergänglich, aber die Ehre unsterblich.» «Den Freunden gegenüber solle man stets der gleiche bleiben, egal ob diese gerade im Glück oder im Unglück
seien.»

Pittakos aus Mytilene Pittakos lebte ca. 650 bis 570 v. Chr.
und war bekannt als Gesetzgeber, führender Staatsmann seiner
Polis und einer der Sieben Weisen. Nach heftigen inneren Kämpfen in seiner Heimat Mytilene auf Lesbos wurde Pittakos von
den Mytilenäern zum *aisymnetes* auf die Dauer von zehn Jahren
gewählt. Diese Stellung als gewählter oberster Schiedsrichter
und Stadtherr ist von einer einfachen archaischen griechischen
Tyrannis strukturell zu differenzieren. Aristoteles nennt sie tref-

fend an einer berühmten Stelle seines *Politik*-Traktates als eine
besondere Verfassungsform eine «gewählte Tyrannis» (*Politik*
1285 a 35–40). Dennoch beschimpfte sein scharfer Gegner Alkaios, ein früherer Verbündeter im Kampf gegen die Tyrannisherrschaft auf Lesbos und damals einflußreicher Dichter, den
Pittakos als einen grausamen Tyrannen, vermutlich weil Pittakos die erhoffte führende Stellung aristokratischer Familien wie
der des Alkaios auf Lesbos nicht wiederhergestellt hatte. Bemerkenswert ist, daß Pittakos freiwillig seine machtvolle Stellung
nach zehnjähriger Stadtherrschaft niederlegte und in Mytilene
lange später als geachteter Privatbürger verstarb. Diodor rühmt
ihm nach (9,11), gewählt gegen die Verbannten, habe er seine
Polis von den drei größten Übeln befreit: Bürgerkrieg, Krieg und
Tyrannis. Bereits Herodot zählte Pittakos zu dem Kreis der Weisen, und alle relevanten Autoren seit dem 4. Jh. stimmen dem
zu. Herodot ließ auch bereits Pittakos mit Solon und dem Lyderkönig Kroisos zusamentreffen. Im Urteil der Nachwelt zählte Pittakos mit Solon und Charondas stets zu den herausragenden Gesetzgebern der archaischen Epoche. Viele Sentenzen lie-
fen unter seinem Namen um, die *Pittakeia*. Es gab auch
volkstümliche Lieder auf Pittakos, die zum Symposion gesungen wurden. Ferner dichtete Pittakos etwa 600 Verse an Elegien
und schrieb ein Prosawerk über die Gesetze. Unter seinen
Spruchweisheiten (Diogenes Laertios 1, 74–81) sind mehrere
berühmt geblieben, so «Erkenne den passenden Augenblick»
(*kairos*), oder «Bemaltes Holz ist der beste Schutz der Polis»
(zugleich ein Rätselwort, das die auf Holztafeln verzeichneten
Gesetze der Stadt meinte). Unter seinen zahlreichen Gesetzen
war vielleicht dasjenige am auffälligsten, das das Strafmaß für
ein Vergehen verdoppelte, wenn die Tat im Rausch erfolgt war.
Pittakos habe damit bei dem berühmten Weinreichtum der Insel
Lesbos der Trunkenheit unter den Bürgern entgegenwirken wollen, erklärte später Diogenes Laertios. Heutigen Rechtsbestim-
mungen über verminderte Zurechnungsfähigkeit widerspricht
dies natürlich. Oft zitiert werden auch das skeptische Wort des
Pittakos, «es sei schwer, ein wahrhaft tüchtiger Mann zu werden» oder seine Einsicht, daß «mit der Notwendigkeit selbst

die Götter nicht kämpfen». «Das Herrscheramt zeige, was an
einem Manne sei.» Dies mag den Pittakos seine eigene Lebens-
erfahrung gelehrt haben. Er riet als «das Beste, sich immer mit
dem gerade Vorliegenden abzufinden». Was man tun wolle,
dürfe man nicht im voraus sagen, denn wenn es mißlinge, so
werde man ausgelacht, aber niemandem dürfe man sein Unglück zum Vorwurf machen. «Man solle seinen Freund nicht
schlecht machen, ja selbst seinen Feind nicht.» Man solle
«Frömmigkeit üben, die Mäßigkeit lieben, nach Wahrheit,
Treue, Einsicht, Geschicklichkeit, Freundschaft und Hilfsbereit-
schaft streben». All dies sind eminent altruistische, das bürgerliche und soziale Leben in der Polis in den damaligen Umbruchs-
zeiten fördernde ethische Maximen, und überraschend, falls sie
tatsächlich auf einen ‹Tyrannen› zurückzuführen sind.

Solon aus Athen Der Athener Solon wurde ca. 640 in die vor-
nehme Familie der Medontiden geboren, sein berühmtes Reformarchontat datiert man traditionell auf 594/3, und er starb gegen
561/60 v. Chr. Solon gehört bei allen für die Geschichte der Sieben Weisen relevanten antiken Autoren zu deren Kerngruppe.
Als *archon* und *diallaktes* (Oberster Magistrat und öffentlicher
Schlichter) in seiner Polis Athen, berühmter Gesetzgeber, weit-
gereister Mann, persönlicher Bekannter anderer Weiser und
Herrscher des 6. Jh.s, durch seine Verbindungen zu Delphi und
nicht zuletzt durch seine berühmten Dichtungen mit politisch-
moralischem Inhalt könnte man Solon vielleicht sogar als die
besonders typische Figur unter allen Sieben Weisen bezeichnen.
Auch Diogenes Laertios widmete Solon (1,45–67) neben Thales
von allen Weisen die ausführlichsten Abschnitte. Die Solonischen Reformen in Athen umfaßten fast alle Bereiche des politischen, sozialen, wirtschaftlichen, sogar des religiösen Lebens.
Wenngleich spätere Autoren von einer Solonischen ‹Verfassungsordnung› sprechen, darf man die Solonischen Reformen
eher als eine Vielzahl von Einzelmaßnahmen zur Lösung kon-
kreter Problemlagen ansehen. Im kaiserzeitlichen Rückblick
hebt Diogenes Laertios aus dem politischen Wirken die *seis-
achtheia* (Schuldentilgung), die Gewinnung der Insel Salamis im

Saronischen Golf nicht weit vor der Küste für Athen, mehrere Gesetze und den Kampf gegen die Tyrannis des Peisistratos hervor. Hauptquellen über Solons Leben sind die Fragmente der eigenen Gedichte Solons (politische *Elegien*), die pseudo-aristotelische *Athenaion Politeia* (eine Geschichte und Beschreibung der Verfassung Athens), verschiedene attische Redner des 4. Jh., Atthidographen (Lokalhistoriker Athens und Attikas) sowie die Lebensbeschreibung Solons durch Plutarch im Rahmen seiner Biographienpaare (im Falle Solons zusammen mit dem Römer Publius Valerius Publicola, einem der ‹Väter› der römischen Republik). Die Solonischen Gesetze waren ursprünglich auf Tafeln aufgezeichnet und öffentlich in der Polis aufgestellt worden, doch sind die Originale in den Perserkriegen im Jahre 480 wohl zerstört worden. Als Athen dann nach dem Peloponnesischen Krieg (431–404 v. Chr.) eine großangelegte Sichtung und erneute Kodifikation seiner Gesetze vornahm, gab es bereits heftige Diskussionen über die Authentizität bestimmter Solonischer Gesetze. Redner und Politiker des 4. Jh.s versuchten aus tagespolitischen Interessen, neuere Regelungen oder gar vor Gericht ersonnene Bestimmungen als Solonische Gesetze darzustellen.

In der Geschichte des athenischen Bürgerbegriffes spielt Solon eine entscheidende Rolle. Denn er schaffte den harten Zugriff eines Gläubigers auf die Person seines Schuldners und auf dessen Kinder ab, indem er die Schuldknechtschaft unter den Bürgern verbot – also den dauerhaften und vollständigen Freiheitsverlust eines Bürgers, der seine Schulden nicht begleichen konnte –, und begründete somit auf Dauer einen persönlich freien Bürgerverband. Er löste mit einem Kompromiß die zu Anfang des 6. Jh.s in Athen eskalierende Verschuldungskrise. Solon führte ferner eine timokratische (auf die Schätzung des Vermögens gegründete) Ordnung der Bürgerschaft in vier Klassen nach ihren jährlichen landwirtschaftlichen Erträgen ein (oder Äquivalenten hierzu). Dem Demos, der Masse der Bürgerbevölkerung, eröffnete er eine stärkere Mitsprache im Machtgefüge der athenischen Verfassungsorgane, indem er mit der Heliaia einen Gerichtshof des Volkes begründete, der über eine reine Appellationsinstanz gegen frühere Urteile hinausging und

zur Keimzelle der später fast allmächtigen demokratischen Ge-
richtshöfe des 5. und 4. Jh.s wurde. Zudem stand seit Solon jedem Bürger auch ein Klagerecht im Interesse anderer Personen
oder der gesamten Polis zu in Fällen, in denen er nicht selbst
unmittelbar betroffen war (Popularklage). Er soll auch einen
neuen Rat der 400 eingerichtet haben. Im Kern zielten diese Reformen Solons, die hier nur angedeutet werden können, auf einen Ausgleich zwischen den Konfliktparteien und sozialen Interessen in Athen. Das Hauptziel Solons, eine Tyrannis zu ver-
hindern, deren Entstehung der interne Streit der Parteiungen der
Bürgerschaft (*stasis*) im Umfeld Athens wie damals so oft allent-
halben in Hellas begünstigte, hat er allerdings leider nicht errei-
chen können. Denn es brach erneut Streit um die Obermagistra-
tur des Archontates in Athen aus, und in den 560er Jahren errichtete Peisistratos erstmals die Tyrannis in Athen, die dann
nach verschiedenen Rückschlägen für den Alleinherrscher von
546 bis 510 andauerte.

Für Solons Stellung als Mitglied im Kreis der Sieben Weisen
ist neben seiner eminenten politischen und gesetzgeberischen
Rolle insbesondere an ihn als einen der wichtigen Dichter der
archaischen Epoche Griechenlands zu erinnern. In seinen Versen rechtfertigte er seine politischen Überzeugungen und reflek-
tierte sein Ideal der *eunomia*, der ‹guten Gesetzesordnung›, und
allgemeine moralische Fragen. Viele der mit einer Ausnahme
nur fragmentarisch überlieferten Gedichte sind zudem gnomi-
schen Charakters. Der Weise Solon äußerte sich also, abgesehen
von seinen politischen Reden an die Mitbürger, typischerweise
in Form von Dichtungen und Spruchweisheiten.

Bereits von Herodot (1,29–33) wurde das angebliche Zusammentreffen des Weisen Solon und des Lyderkönigs Kroisos in
dessen Hauptstadt Sardeis im westlichen Kleinasien mit den
schlagfertigen Aussprüchen des Solon erzählt, das auch spätere
Autoren bis hin zu Plutarch und Diogenes Laertios immer wieder aufgriffen. Diese Geschichte sei geradezu in jedermanns
Munde, resümiert Diogenes Laertios (1,50–51): Der sprich-
wörtlich reiche Lyderkönig Kroisos (von dem sich übrigens unser Fremdwort eines ‹Krösus› ableitet) hatte Solon an seinen

Hof nach Sardeis geladen. Dort zeigte er ihm zuerst seinen ganzen damaligen Reichtum und seine äußere Macht. Dann fragte der König den Weisen, wen er denn für den glücklichsten Menschen auf Erden halte. Natürlich erwartete Kroisos, daß Solon, wohl jetzt geblendet durch Reichtum und Macht, den Lyderkönig nennen werde. Doch Solon rühmt zuerst einen einfachen Athener namens Tellos, der sein ehrbares Bürgerleben zu einem glücklichen Ende gebracht hatte, danach aber an zweiter Stelle das Brüderpaar Kleobis und Biton aus Argos, die in ihrer Jugend auf dem Höhepunkt ihres Lebens bei einer ehrenvollen Tat in ihrer Heimat hochgeehrt verstarben. Diese Unterhaltung über das menschliche Glück zählt sicherlich zu den bekanntesten Passagen im Werke Herodots. Sie ist zugleich äußerst aufschlußreich für die solonische Bürgerethik des Maßhaltens wie für das Denken des Historikers Herodot. Die berühmteste solonische Spruchweisheit lautete in einem durchaus ähnlichen Tenor: «Nichts zu sehr». Zahlreiche andere treffende Worte wurden ihm ebenfalls zugeschrieben: «Die Rede sei durch Schweigen zu besiegen, das Schweigen aber durch die Zeit.» «Die Sättigung werde durch den Reichtum erzeugt, der Frevelmut (*hybris*) aber durch die Sättigung.» «Halte die Tugendhaftigkeit für zuverlässiger als einen Eid.» «Schließe nicht rasch Freundschaft, hast du aber Freunde einmal gewonnen, so stoße sie nicht wieder von dir.» «Rate nicht das Angenehmste, sondern das Beste.» «Mache die Vernunft zu deiner Führerin, meide den Umgang mit Schlechten, Ehre die Götter, sei ehrfürchtig gegen deine Eltern» (Texte Solons: West 1972/1998, 119–145, Gentili – Prato, 1988, 61–126, zu den Gesetzen Ruschenbusch 1966, Martina 1968).

Thales aus Milet   Thales wird manchmal in antiken Quellen sogar ehrenvoll der *princeps* (Erste) oder *senior* der Sieben Weisen genannt. Mit Bedacht legt Diogenes Laertios seine ausführlichste Liste der Weisen (1,40–42) an das Ende des großen Abschnittes über Thales (1,22–44). Dieser war ein führender Philosoph, Astronom und Mathematiker des archaischen Hellas. Zusammmen mit Anaximander gilt Thales als Begründer der Mi-

lesischen Schule bzw. der Ionischen Naturphilosophie. Zuver-
lässige biographische Daten fehlen über die Lebenszeit des
Thales am Ende des 7. und in der ersten Hälfte des 6. Jh.s v. Chr.
Thales soll aber den Ioniern eine Sonnenfinsternis vorausgesagt
haben, die am 28.5.585 v. Chr. zur Tageszeit und während einer
wichtigen Schlacht am Halysfluß zwischen Lydern und Medern
eintrat (Diels-Kranz VS 11 A 5, Herodot 1,74). Als die Lyder
und die Meder sahen, daß aus Tag Nacht geworden war, ließen
sie Herodot zufolge – unter dem Eindruck dieses außerordentlichen Ereignisses – vom Kampf ab und bemühten sich alle beide sehr, Frieden miteinander zu schließen. Dies gelang dann
auch. Aus dieser Überlieferung folgten die Festlegung der *akme*
(des Zeitpunktes, zu dem er auf der Höhe seines Lebens stand)
des Thales auf 585/4 sowie einer angeblichen erstmaligen öffentlichen ehrenden Bezeichnung als Weiser im Jahre 582/1
v. Chr., als Damasias in Athen Archon war. Herodot (1,170) berichtet, daß Thales den Ioniern zur Gründung eines Ionischen
Bundes mit einer gemeinsamen Ratsversammlung in Teos an
der kleinasiatischen Westküste geraten habe, um die zur Mitte
des Jahrhunderts immer spürbarer werdende Bedrohung durch
das Perserreich abzuwehren. Diese Geschichte läßt uns an den
angeblichen Rat des Bias von Priene an seine Mitbürger denken,
vor den Persern in eine neu zu gründende Kolonie in Sardinien
auszuweichen. Lange Reisen des Thales sind überliefert, vor
allem nach Ägypten, und östliche Einflüsse auf sein Denken sind
wahrscheinlich. Es ist umstritten, ob Thales seine philosophischen Lehren überhaupt bereits aufzeichnete und schriftliche
Werke veröffentlichte. Mehrere antike Autoren nennen aber
entsprechende Werktitel. Thales postulierte für alles Seiende ein
materielles Prinzip und brach daher implizit mit den überlieferten Göttergenealogien; denn er versuchte systematisch, Natur-
phänomene aus rein physikalischen Ursachen und ohne Rück-
griff auf die Macht der Götter zu erklären. Thales werden mehrere bekannte Lehren zugeschrieben: zum einen, daß das Wasser
Prinzip und Ursprung alles Seienden sei, und zum anderen, daß
die Erde auf dem Wasser des Weltozeans schwimme. Als Experte der Mathematik und Geometrie entwickelte Thales seit der

Antike bis heute grundlegende Erkenntnisse und Lehrsätze in der Geometrie, etwa den ‹Satz des Thales›: Konstruiert man ein Dreieck aus den beiden Endpunkten des Durchmessers eines Halbkreises (Thaleskreis) und einem weiteren Punkt dieses Halbkreises, so erhält man immer ein rechtwinkliges Dreieck.

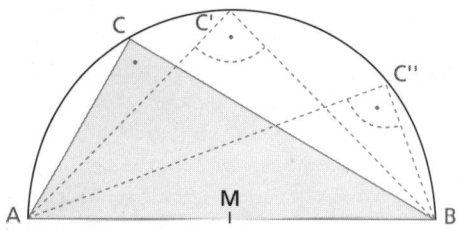

Bereits im 4. Jh. war der historische Thales umrankt von üppig wuchernden Legenden. Sogar Platon erwähnt die bekannte Geschichte vom völlig weltfremden Weisen Thales, der bei nächtlicher konzentrierter Betrachtung der Sterne in einen Brunnen gefallen sei und dafür von einer Magd ausgelacht wurde, weil er als Weiser nicht einmal sehen könne, was vor seinen Füßen liege (*Theaitet* 174a). Möglicherweise als Ehrenrettung und zur Abwehr solcher Geschichten entstand dann die Überlieferung, der schlaue Thales habe einmal in kluger Vorausschau einer guten Olivenernte die Ölpressen im Umkreis von Milet für sich reserviert, um dann mit hohem Gewinn auf Olivenöl zu spekulieren (Aristoteles *Politik* 1259 a 6). Die reiche anekdotische Überlieferung über Thales wird ausführlich bei Diogenes Laertios (1,22–44) zusammengefaßt. Wenngleich Thales auch überwiegend als Philosoph seinen Studien lebte, gab er doch auch hilfreiche politische Ratschläge. So soll er den Milesiern dringend von einem Bündnis mit den Lydern abgeraten haben, was sich dann nach dem Sieg des Perserkönigs Kyros 546 v. Chr. über den Lyderherrscher Kroisos für die Milesier als ein Glück herausstellte.

Sein berühmtester Spruch lautete: «Erkenne dich selbst!» Andere markante Sätze und Anekdoten betreffen sein Privatleben. Auf die Frage etwa, warum er auf eine Ehe und Kindersegen verzichte, soll er geantwortet haben: «aus Liebe zu den Kindern».

Als seine Mutter früh auf seine Verheiratung gedrängt habe und Enkelkinder wünschte, habe er sich ihr mit den Worten widersetzt, noch sei es nicht die rechte Zeit dazu, als sie aber ihn in seinem höheren Alter erneut damit bedrängt habe, habe er gesagt, nun sei die rechte Zeit dazu vorüber. Einen bekannten Ausspruch, den andere Autoren dem Sokrates zuschrieben und aus dem bereits für die Zeit des Thales – lange vor den Perserkriegen des frühen 5. Jh.s – auf eine scharfe Hellenen-Barbaren-Antithese zu schließen wäre, hat schon der hellenistische Biograph Hermippos auf Thales zurückgeführt: Drei Dinge seien es, die ihn dem Schicksal zu besonderem Dank verpflichteten, erstens, daß er als Mensch zur Welt gekommen sei und nicht als Tier, zweitens, daß er ein Mann geworden sei und keine Frau, drittens, daß er ein Hellene sei und kein Barbar. Auf die in der Überlieferung über die Weisen als Rätsellöser beliebten Superlativfragen antwortet eine berühmte Folge der Antworten des Thales: «Das älteste der Wesen sei Gott, der unerzeugte, das schönste sei die Welt, das Werk Gottes, das größte der Raum, der allumfassende, das schnellste der Geist, der alles durchdringe, das stärkste die Notwendigkeit, die alles beherrsche, das weiseste die Zeit, die alles erfinde.» Als Thales einmal äußerte, der Tod unterscheide sich nicht vom Leben, provozierte ihn ein Mann mit der naheliegenden Frage, warum denn Thales dann nicht selbst sterbe. Die entwaffnende Antwort lautete, eben weil es keinen Unterschied mache. Thales zufolge können wir «am gerechtesten dann leben, wenn wir, was wir an andern tadeln, selber nicht tun». «Wahrlich glücklich sei, wer gesunden Leibes, vom Schicksal begünstigt und mit trefflicher Seelenbildung ausgestattet sei.» (Diels-Kranz VS 11)

Weit weniger ausführlich als seine Ausführungen über Thales sind die Notizen, die sich bei Diogenes Laertios zu den übrigen Weisen finden und die hier kurz in alphabetischer Reihenfolge der Weisen angeschlossen werden sollen:

Akusilaos aus Argos Akusilaos aus Argos lebte am Ende des 6. und Anfang des 5. Jh.s Er wird nur selten in den Listen als Weiser genannt. Nach Meinung des Genealogen und Ethnographen

Hekataios aus Milet war Akusilaos der früheste Vertreter der mythographischen (die Sagenwelt der Griechen beschreibenden) Prosaliteratur und überhaupt einer der frühesten griechischen Prosaschriftsteller. Er verfaßte ein Werk mit dem Titel *Genealogiai* (mit anderem Titel als *Historiai* erwähnt) in drei Büchern über göttliche, heroische und menschliche Genealogien. Darin legte er nach einer Kosmogonie (Lehre über die Entstehung der Welt) und Theogonie (Lehre über die Entstehung der Götter) auch eine Darstellung der Frühgeschichte der Menschheit ein, die von dem angeblich ersten Menschen, dem Argiver Phoroneus, bis zum Trojanischen Krieg und zu den *Nostoi* (Rückkehrgeschichten) der Helden in ihre Heimat nach dem Kriege in Troja reichte. Es bleibt aufgrund der fragmentarischen Überlieferungslage undeutlich, inwiefern Akusilaos auch bereits rationalistische Mythenkritik betrieb. Von einer politischen Aktivität des Akusilaos oder berühmten ethischen und lebenspraktischen Maximen ist nichts überliefert (Diels-Kranz VS 9, FGrHist 2)

Anacharsis der Skythe Anacharsis der Skythe wird oft und seit früher Zeit als Weiser genannt, und in einigen Listen der Sieben Weisen nimmt er die Stelle ein, die ansonsten dort der korinthische Tyrann Periandros oder Myson von Chen besetzten. Anacharsis wurden rund fünfzig Aussprüche und zehn Briefe in der Antike zugeschrieben. Während einige der auf Anacharsis bezogenen Spruchweisheiten zumindest in ihrer Bezeugung bis in das 5. Jh. hoch reichen und auch inhaltlich authentisch sein könnten, erweisen sich die Briefe insgesamt als frühhellenistische Erfindungen unter dem Einfluß der kynischen Philosophie. Anacharsis galt zudem als Vertreter einer besonders freimütigen Redeweise, die man nach ihm in Griechenland eine ‹skythische Rede› nannte. Wichtigste und zugleich früheste Quelle über Anacharsis sind Herodots *Historien* (4,46 und 76–77) sowie später ein ihm gewidmeter Abschnitt bei Diogenes Laertios (1,101–105). Anacharsis soll im späten 7. und frühen 6. Jh. v. Chr. gelebt haben. Er war angeblich Zeitgenosse Solons und ein Bruder des Skythenkönigs Saulinos (bzw. Kaduidas). Die Skythen waren ein schriftloses nomadisches Reitervolk, das sich im Laufe des 1. Jahrtausends v. Chr. in Südrußland, Vorderasien und bis in den Donauraum hinein zu einer geschichtsmächtigen Kraft entwickelte, ehe sie in der Zeit des Hellenismus wieder verdrängt wurden. Der griechische Historiker Herodot hat sie in seinem Geschichtswerk mit der für ihn typischen Offenheit und Neugier gegenüber außergriechischen Völkern und Kulturen ausführlich gewürdigt. Als Kind eines skythischen Vaters und einer griechischen Mutter habe Anacharsis beide Sprachen fließend beherrscht. Er unterschied sich von dem skythischen Barbarentum und unternahm, um sich zu bilden, weite Reisen, die ihn nach Lydien, an die kleinasiatische Küste und insbesondere nach Griechenland führten. In Athen soll er nach traditioneller Datierung von 592 bis 589 v. Chr. gelebt haben und ein Gastfreund des Solon geworden sein. In Hellas eignete sich dieser antike Prototyp des ‹Edlen Wilden› der neuzeitlichen Roman-, Erziehungs- und Reiseliteratur (wie ihn noch im 18. Jh. die bekannten Schriftsteller Jean Jacques Rousseau oder Christoph Martin Wieland auffaßten) die hellenische Bildung und Lebensweise besonders gründlich an. Später kehrte Anacharsis wieder nach Skythien zurück. Doch erregte seine hellenische Lebensweise dort Anstoß. Anacharsis wurde bei dem Versuch getötet, seine skythischen Landsleute von griechischer Lebensweise und Religion zu überzeugen. Während Anacharsis bei Platon noch nicht im Kanon der Weisen auftaucht und lediglich als ‹Erfinder› bestimmter handwerklicher Verbesserungen gelobt wird (*Politeia* 600a), verehren ihn bereits der Historiker Ephoros und dann mehrere kynisch beeinflußte Philosophen und Autoren als ein Ideal eines unverdorbenen Naturmenschen und als das einzige Mitglied des Kreises der Sieben Weisen, das nicht aus Griechenland stammte. Mehrere seiner Aussprüche mahnen zur Selbstbeherrschung bei Speisen und alkoholischen Getränken, im Reden und in Liebesdingen, z. B. «der Weinstock trage drei Trauben, eine der Lust, eine zweite des Rausches und die dritte der Unlust». Bildsäulen (Hermen), die man ihm zu Ehren in Griechenland errichtete, trugen als seinen bekanntesten Spruch die Inschrift: «Beherrsche die Zunge, den Bauch, die Geschlechtsteile.» Auf die Rätselfrage, welche Schiffe die sichersten seien, antwortete er, «diejenigen, die auf den Strand gezogen seien». Die Agora (den Marktplatz) der Polis, also das geschäftliche und zugleich das bürgerliche politische Zentrum, kritisierte er als «einen Platz, der recht eigentlich dazu bestimmt sei, sich gegenseitig zu täuschen und zu übervorteilen». Als ihn ein eingebildeter Athener als barbarischen Skythen verspottete, soll er gesagt haben: «Mir macht mein Vaterland Schande, aber du bist eine Schande für dein Vaterland.»

Anaxagoras aus Klazomenai Anaxagoras aus dem kleinasiatischen Klazomenai wurde um 500 geboren und starb wohl 428 in Lampsakos an der Ostküste des Hellespont. Er wird nur selten im Kreis der Sieben Weisen genannt. Seine Lebenszeit ist deutlich später anzusetzen als die Kernepoche der archaischen Weisen. Der Ionier wirkte als erster Naturphilosoph lange in Athen. Er war dort ein Freund, Lehrer und Berater des Staatsmannes Perikles, der vor seinem Tod 429 v. Chr. etwa 15 Jahre lang die Politik Athens wesentlich bestimmte, im Inneren die direkte Demokratie vollendete und nach außen hin Athens Führungsstellung in der Ägäis ausbaute. Anaxagoras beeindruckte aber auch so unterschiedliche Intellektuelle wie den stadtbekannten Philosophen Sokrates, der 399 in Athen hingerichtet wurde, und den Tragödiendichter Euripides (485/4 oder 480 bis 406 v. Chr.). Anders als einige Jahre später Sokrates, wich der Philosoph Anaxagoras einem gefährlichen Prozeß wegen *asebeia* (Gottlosigkeit, Religionsfrevel) in Athen vermutlich klug aus. Nach anderen Berichten wurde er jedoch nur durch das Eintreten des Perikles als seines Fürsprechers vor einem Todesurteil und der Hinrichtung bewahrt. Anaxagoras suchte nach einer außertheologischen, ‹wissenschaftlichen› Erklärung für die Welt und ihre Entstehung. Er erklärte das Werden und Vergehen aller Dinge als eine fortdauernde Mischung und Trennung von Grundstoffen. Dazu rechnete er die vier Elemente Feuer, Erde, Wasser und Luft sowie eine unendliche weitere Menge an Grundstoffen, die er die *Homoiometrien* nannte. Die scheibenförmig flache Erde werde von unter ihr liegender Luft getragen. Die Gestirne seien keine Gottheiten, sondern aus der

Erde losgerissene, glühende Steine, so auch die Sonne. Aus solchen Lehrmeinungen resultierte der gefährliche Asebieprozeß
gegen Anaxagoras. Dennoch kann man Anaxagoras nicht einfach als einen reinen Materialisten oder Atheisten bezeichnen,
da seiner Lehre nach (vgl. sein Lehrgedicht *Peri physeos*) ein all-
beherrschender Geist, der *nous*, bewirkt habe, daß die Welt-
schöpfung sinnvoll verlief. Wohl zu Recht trennt Diogenes Laertios seine Ausführungen über Anaxagoras (2,6–15) von den
Notizen des ersten Buches über die älteren Weisen und betrach-
tet den Klazomenier vorrangig als wichtiges Mitglied der ionischen Naturphilosophen. Ohne Zweifel erinnerten aber einige
der für Anaxagoras überlieferten Anekdoten und Aussprüche
stark an die Weisheit der Sieben Weisen. Vor diesem Hintergrund ist es leicht nachzuvollziehen, daß einige Autoren auch
ihn noch zu diesen rechneten. Als ihm z. B. jemand bedauernd
sagte: «Du mußtest auf Athen verzichten», antwortete er: «Nein
umgekehrt, Athen auf mich.» Beim Betrachten eines aufwendigen Grabmales äußerte er: «Ein kostspieliges Grab ist ein Bild
versteinerten Vermögens.» Als jemand darüber klagte, auf fremder Erde sterben zu müssen, statt in der Heimat, tröstete er ihn:
«Der Abstieg zum Hades ist von allen Orten der gleiche.» Als
schließlich die Lampsakener ihn nach seinem letzten Wunsche
fragten und ihm eine Ehrung anboten, antwortete er, in seinem
Todesmonat sollten sich künftig alljährlich die Kinder der Polis
Lampsakos mit Spielen belustigen dürfen (Diels-Kranz VS 59).

Aristodemos   Einen Mann namens Aristodemos zählten der peripatetische Philosoph Dikaiarchos aus Messene (Fr. 32 Wehrli
SdA I) und später der Biograph Hermippos von Smyrna (Fr. 10
Bollansée) unter die Weisen, wobei allerdings Dikaiarchos diesen Namen nicht in der allgemein anerkannten Kerngruppe von
vier Namen nennt, sondern nur in einer um sechs Personen erweiterten Gruppe. Aristodemos aus Sparta wäre eventuell ein
geeigneter Kandidat für die Identifizierung. Diogenes Laertios
hält ihn für einen Zeitgenossen des Spartaners Chilon (1,30).
Alkaios erinnert an den zeit- und gesellschaftskritischen Spruch
des Aristodemos, das Geld mache nun den Mann aus (Fr. 360

Lobel-Page), mit dem er den steigenden Einfluß des Münzgeldes im archaischen Griechenland, neuartige Gefahren für die traditionelle aristokratische Wertewelt, vor allem aber bestimmte soziale ‹Aufsteiger› in der Poliswelt kritisieren wollte. Möglicherweise resultierte der Versuch, neben Chilon einen weiteren Spartaner in die Liste der Weisen einzufügen, aus einer in philosophischen Kreisen verbreiteten Hochschätzung für die spartanische Lebensweise, den *kosmos* (die Ordnung) der Lakedaimonier, und ihre strenge Erziehung, die *agoge*. Doch Aristodemos gehört zusammen mit Pamphylos, Leophantos aus Lebedos oder Myson von Chen zu den biographisch ganz obskuren Personen aus dem erweiterten Kreis der Weisen. Daher sind sogar Zweifel geäußert worden, ob Aristodemos überhaupt existiert habe oder er lediglich eine literarische, erfundene Figur sei.

Epicharmos aus Megara Hyblaia   Epicharmos ist der früheste uns bekannte Dichter der sogenannten dorischen Komödie aus Sizilien. Nach den meisten Quellen stammte er aus Kos und wanderte dann nach Megara Hyblaia und Syrakus auf Sizilien aus. Er war in den 480er Jahren erfolgreich. Er lebte also für einen der Sieben Weisen erstaunlich spät und wird auch nur nachdrücklich von Hippobotos auf seiner Liste genannt. Von seinen zahlreichen in der Antike bekannten Bühnenwerken ist kein einziges vollständig überliefert; wir kennen nur Fragmente und Werktitel, die teilweise schwer verständlich sind (Kassel-Austin PCG I). So fragt es sich, ob der Komödientitel «Herr und Frau Logos» (*Logos kai logina*) vielleicht einen Dialog zwischen den allegorischen Gestalten der Rede oder Vernunft enthielt oder einfach zum Beispiel nur komisches Ehegezänk. In der späteren Tradition – nicht nur bei italisch-sizilischen Autoren – galt Epicharmos auch als ein ‹philosophischer› Dichter und ein angeblicher Schüler des Philosophen Pythagoras. Diesen Ruhm verdankt er wohl der Philosophenparodie und den Sentenzen in einigen seiner Stücke. Unter Epicharmos' Namen war dann eine Sammlung von Spruchweisheiten verbreitet, die aber bereits der peripatetische Philosoph und Biograph Aristoxenos Ende des 4. Jh.s und danach insbesondere Apollodoros von Athen im 2. Jh.

(FGrHist 244 F 226), der eine Gesamtausgabe von Epicharmos' Werken besorgte, für unecht erklärten. Jedoch gab gerade diese gnomische Sammlung, die *Pseudo-Epicharmeia*, Hippobotos wohl den Anlaß, auch den Epicharmos als Mitglied zum Kreis der Sieben Weisen zu zählen.

Epimenides aus Knossos Epimenides aus dem kretischen Knossos (oder aus Phaistos) ist eine sagenumwobene Figur. Er soll ein Experte in religiösen Fragen, Opferpriester, Seher, Mythograph und Weiser gewesen sein. Es fällt schwer, seine Lebenszeit auch nur annäherungsweise in das späte 7. oder frühe 6. Jh. zu datieren. Vermutlich die einzige historische Begebenheit, die aus dem Leben des Epimenides glaubhaft überliefert wurde, ist ein Aufenthalt in Athen zwischen dem sogenannten kylonischen Frevel und dem Solonischen Reformarchontat: Kylon hatte als Olympiasieger und Anführer einer adeligen *hetairia* (Gefolgschaft, politische Gruppe) in Athen um 632 v. Chr. nach einer Tyrannis gestrebt. Er und seine Anhänger waren nach dem Scheitern von Kylons Machtergreifung hingerichtet worden, obwohl sie sich als Schutzflehende an die Altäre geflüchtet hatten. Dies begründete ein religiöses Vergehen (*miasma*), das die ganze Polis belastete und insbesondere die Adelsfamilie der Alkmeoniden (zu der später so berühmte athenische Politiker wie Kleisthenes und Perikles gehörten). Epimenides soll die Athener von den Auswirkungen dieser gottlosen Tötung, des ‹kylonischen Frevels›, mit der Hilfe wirksamer Opfer- und Reinigungsriten entsühnt haben. Es gibt auch eine Überlieferung, derzufolge Epimenides damals persönlich mit Solon in Kontakt getreten sei. Diese Notizen würden für seine Lebens- und Wirkungszeit zwischen Drakon und Solon sprechen und für einen Aufenthalt in Athen etwa in der 46. Olympiade, also 596 bis 593 v. Chr. (Aristoteles *Athenaion Politeia* 1 und Diogenes Laertios 1,109–115). Dagegen datiert ihn aber Platon (*Leges* 642d) erst erheblich später, und zwar auf ca. 500 v. Chr. (zehn Jahre vor der Schlacht von Marathon, in der die Athener ein erstes persisches Expeditionscorps abwehrten). Während Xenophanes von Kolophon Epimenides bereits erwähnte, fällt das

Schweigen sowohl des Herodot als des wichtigsten Historikers der Perserkriege als auch des Thukydides als Historiker des Peloponnesischen Krieges über diese für die athenische Geschichte wichtige Person auf, obwohl beide Historiker den kylonischen Frevel thematisieren. Fast alle weiteren teils märchenhaften Details über sein Leben sind wohl erst spätere Ausschmückungen unter Einfluß orphischer und pythagoreischer Autoren. So soll Epimenides antiken Quellen zufolge ununterbrochen 57 Jahre in einer Höhle geschlafen haben, zwischen 157 und 299 Jahre alt geworden sein und über nachgerade übermenschliche asketische Fähigkeiten des Überlebens fast ohne Nahrung verfügt haben. Mit anderen archaischen Wundertätern verbindet Epimenides auch die Überlieferung, daß er seinen eigenen Worten zufolge bereits mehrere frühere Leben gelebt habe – ähnliche Reinkarnationsgeschichten erzählte man auch von dem Philosophen Pythagoras – oder daß seine Seele seinen Körper zeitweise verlassen habe und wieder in ihn eingetreten sei. Hierzu finden sich enge Parallelen in Geschichten um Aristeas von Prokonesos, der in einem Epos über seine Reisen in das Gebiet der Skythen und der noch weiter nördlich lebenden Issedonen berichtet hatte, oder den Skythen Abaris, eine schamanistischen Wunderpriestern nachgebildete Figur aus dem Umkreis des Apollonkultes. Solche Wundergeschichten über Epimenides dürften zum Teil zumindest aus dem 8. Buch der *Philippika* des Theopomp stammen, aus dem dann hellenistische Autoren wie Hermippos und Hippobotos und noch später Diogenes Laertios schöpften. Die Wundergeschichten verdrängten in der späteren Überlieferung zum großen Teil die historisch glaubhafte Rolle des religiösen Experten Epimenides. Dem Epimenides wurden mehrere literarische Werke zugeschrieben, eine *Theogonie* (FGrHist 457) und ein Lehrgedicht über rituelle Reinigungen und Entsühnungen (*Katharmoi*), Schriften über Opfer, den kretischen Staat und die mythischen Könige und Richter in der Unterwelt Minos und Rhadamantys. In einer für die Weisen typischen Art äußerte sich die Weisheit des Epimenides also in Dichtungen, Aussprüchen, Vorhersagen und religiösen Akten. Epimenides wurde auch bekannt durch seine in weiter Vorausschau getroffenen Prophezeiungen, die er den Athenern über den Munychia-Hafen und -Hügel im Piräusgebiet und den Spartanern über eine Niederlage gegen die Arkader gegeben haben soll (Diels-Kranz VS 3).

Lasos aus Hermione Lasos lebte in der zweiten Hälfte des 6. Jh.s Er wirkte nicht lange in seiner unbedeutenden peloponnesischen Heimatpolis Hermione in der Argolis, sondern insbesondere in Athen und am Musenhofe des Tyrannen Hipparchos, eines Sohnes des Peisistratos. Vor der Ermordung des Hipparchos 514 durch die Athener Harmodios und Aristogeiton und dem Sturz der Tyrannis 510 v. Chr. erlebte Athen bereits seit Jahrzehnten unter der Peisistratidenfamilie eine kulturelle Blüte und zog viele Dichter, Künstler und Weise wie Lasos an. Er komponierte Hymnen (an die Fruchtbarkeitsgöttin Demeter, Fr. 702–706 Page) und führte vielleicht die Wettbewerbe von Chorliedern zu Ehren des Gottes Dionysos (Dithyramben) in Athen ein. Nach anderen Quellen war dies jedoch die Leistung des etwa zeitgenössischen Dichters Arion. Lasos rivalisierte in Athen mit berühmten Dichtern wie Simonides oder Anakreon und verfaßte auch einen Traktat über Musik. Möglicherweise gründete sich der spätere Ruf des Lasos als eines ‹Weisen› auf seine bewunderten Wortspiele und seine Schlagfertigkeit in Streitgesprächen. Chamaileon hat ein Spezialwerk über Lasos verfaßt, das aber nicht erhalten ist. Lasos wurde jedoch niemals zum engeren Kreis der Sieben Weisen gerechnet. Daher sind von ihm auch keine markanten Kernsprüche überliefert.

Leophantos aus Lebedos Leophantos aus dem boiotischen Lebedos ist einer der besonders obskuren Namen aus den Namenslisten mit Weisen. Allerdings hatte bereits der Lokalhistoriker Leandrios aus Milet im 4. Jh. den Leophantos und den Kreter Epimenides an die Stelle des Kleobulos und des Myson in seine Liste der Sieben Weisen genommen. Aber auch Leandrios (Diogenes Laertios 1,28 = Maiandrios und Leandrios von Milet FGrHist 491–492 F 18; Diogenes Laertios 1,41) bleibt für uns ein äußerst schattenhafter Autor, den allerdings ein gelehrter

Dichter wie Kallimachos einmal als eine lokalhistorische Quelle
über den legendären Agon der Weisen anführt. Bemerkenswerte
Maximen des Leophantos sind nicht überliefert.

Linos aus Theben   Linos gehört einer frühen mythischen Epoche der griechischen Welt an, in der Götter, Musen und Menschen noch regelmäßig miteinander verkehrten. Er wird nur von
Hippobotos zu den Sieben Weisen gerechnet, wenngleich Diogenes Laertios (1,3) ihn und Musaios immerhin auch als frühe
Weise lobt, die in Griechenland mit der Bildung des Menschen-
geschlechtes den Anfang gemacht hätten. Möglicherweise erklärt sich diese Nennung im erweiterten Kreis der Weisen durch
das Bestreben des Hippobotos, sich von älteren peripatetischen
und gelehrten alexandrinischen Listen abzusetzen, vor allem
von der Liste des Hermippos von Smyrna. Linos galt als ein
Sohn des Apollon und einer der Musen (genannt werden als
Mutter Urania, Kalliope, Terpsichore oder Euterpe) oder der
Psamathe aus Argos. Dem Linos waren alte Kulte auf dem Mu-
senberg Helikon geweiht, auch in Epidauros, Argos oder Theben, das beanspruchte, der Geburtsort des Linos zu sein, und
wo man ihn als musikalischen Lehrer des Herakles und als Heros verehrte. Im Jähzorn soll – so die Sage – Herakles seinen
Lehrer Linos erschlagen haben. Einer anderen Tradition nach
aber starb er durch den erzürnten Gott Apollon (seinen Vater),
demgegenüber Linos damit geprahlt hatte, er sei ein ebenso
guter Sänger wie der Gott, oder er wurde bei einem Jagdunfall
von Hunden zerrissen. Linos galt den Hellenen als Erfinder des
Threnos, des Trauer- oder Klageliedes. Vielleicht ist seine Person sogar völlig aus dem Anfang eines verbreiteten Klageliedes
abgeleitet worden. Ihm wurde auch ein nur in wenigen Fragmenten erhaltenes kosmologisches – die Weltentstehung erklä-
rendes – Gedicht zugeschrieben, das möglicherweise den Anlaß
für Hippobotos bot, den Linos als ‹Weisen› zu nennen. In der
antiken Tradition überlagerte bald die Bedeutung des Linos als
Musiker die Erinnerung an ihn als einen Weisen. Spruchweisheit ist für Linos nicht überliefert (West 1983, 56–67).

Myson aus Chen Myson ist der einzige bereits seit Platons *Protagoras* mehrfach zum Kreis der Weisen gerechnete Mann, der nicht aus einer bekannten Polis stammt, sondern aus einem gänzlich unbekannten und nicht sicher lokalisierbaren Dorf namens Chen (oder auch Chennai), das entweder am Oita in Thessalien westlich der Thermopylen, auf Kreta, in Arkadien oder in Lakonien gelegen haben soll (Diogenes Laertios 1,29–30, 1,106–108; Diodor 9,5–7). Doch scheint Myson in den ältesten Traditionen noch nicht zu den Weisen gerechnet worden zu sein, sondern in seinen beiden frühesten Erwähnungen als Weiser jeweils eine andere Person aus der Liste verdrängt zu haben, nämlich bei Platon den Periandros und bei Eudoxos den Kleobulos. Myson stellt wie gesagt insbesondere durch seine Herkunft aus dem unbekannten Dorf Chen einen Sonderfall dar. Denn die übrigen Weisen sind alle eng mit der Poliskultur verbunden. Dem Biographen Aristoxenos zufolge habe diese Herkunft auch die Erinnerung an Myson belastet und seinen Ruhm in der Nachwelt vermindert. Anders als viele Weise scheint Myson nach der anekdotisch-biographischen Tradition sich nicht aktiv in politischen Angelegenheiten engagiert zu haben. Aristoxenos berichtet nämlich, Myson sei ähnlich dem sprichwörtlichen Athener Timon, der zur Zeit des Perikles lebte, ein Menschenhasser gewesen und habe sich gerne in die Einsamkeit zurückgezogen. Als ihn einmal jemand beobachtete, wie er ganz für sich alleine in der Einsamkeit gelacht habe und ihn fragte, warum er denn so völlig abseits jeder menschlichen Gesellschaft vor sich hin lache, antwortete Myson: «Eben deshalb lache er ja.» Myson vertritt den Typos des einfachen Bauern als Weltweiser, während die Welt der anderen Weisen eine hochgebildete und eher aristokratisch-städtische war.

Myson spielt auch in der bekannten Geschichte um den Agon der Weisen über die Frage, wer der Weiseste der Weisen sei, eine wichtige Rolle. Angeblich hatte ein Orakel auf Myson als den Weisesten aller Männer noch vor dem Spartaner Chilon und dem Skythen Anacharsis verwiesen (Diogenes Laertios 1,30 und 1,107 nach Hipponax Fr. 63 West). Als Anacharsis daraufhin den Myson aufgesucht habe, sei dieser in der Sommerzeit ge-

rade damit beschäftigt gewesen, seine Pflugsterze an der Pflug-
schar zu befestigen. Als der Skythe einwandte, es sei doch im
Sommer gar nicht die rechte Zeit (*kairos*) für das Pflügen, habe
Myson treffend erwidert, aber gerade die rechte Zeit, um sich
zum Pflügen zu rüsten. Mit dieser Antwort riet er dazu, zeitig
vorausschauend zu planen. Als bekanntester Spruch des Myson
galt: «Man soll nicht die Sachen aus den Reden entnehmen,
sondern die Reden aus den Sachen. Denn es verdanken nicht
die Sachen den Reden ihren Bestand, sondern die Reden den
Sachen.» Der Peripatetiker Aristoxenos behauptete, daß zahlreiche Sprüche des Myson in der Überlieferung wegen der Un-
bekanntheit des Ortes Chen auf den Peisistratos übertragen
worden seien. Auffällig ist schließlich auch innerhalb der Tradition um die Weisen, daß keine unechten, später komponierten
Briefe Mysons überliefert wurden, wie dies bei anderen sehr
wohl der Fall war.

Orpheus der Thraker   Orpheus, der Sohn der Muse Kalliope
und des thrakischen Königs Oiagros (nach anderen Autoren sogar des Gottes Apollon) ist einer der bekanntesten mythischen
Sänger der Antike. Der Mythos verbindet Orpheus eng mit
Thrakien als Heimat, einem ‹barbarischen› Nachbargebiet der
Hellenen. Trotzdem wurde der thrakische Sänger später dann
zu einer bedeutenden Symbolfigur der griechischen Kultur und
zum Stifter der orphischen Mysterienreligion. Wie bereits bei
Linos, so fällt auch bei Orpheus auf, daß er sich schon aus chro-
nologischen Gründen, zudem als eine bloß mythische, nicht
aber historische Person und darüber hinaus wegen seiner wichtigen Aktivitäten nicht unmittelbar als Mitglied des Kreises der
Weisen anbietet. Er wird daher auch lediglich bei Hippobotos
als Weiser erwähnt. Der Anlaß hierfür könnte wiederum die
langdauernde antike Diskussion sein, ob griechische Philosophie oder die außergriechische Weisheitslehre älter sei und wie
starke fremde Einflüsse es auf die griechische Kultur und Weisheitslehre gegeben habe. Der Kern des griechischen Orpheusmythos ist bekanntlich die verzaubernde Macht seines Gesanges
und seines Musizierens auf den Instrumenten, der Phorminx (ei-

ner Art Laute) oder der Kithara (einem der Zither verwandten Instrument), welche Menschen, Tiere, die ganze Natur, ja sogar die Götter der Unterwelt in den Bann schlug. Denn als Eurydike, die jungvermählte Frau des Orpheus an einem Schlangenbiß starb, stieg angeblich Orpheus in die Unterwelt hinab und erreichte es durch seinen Gesang und sein Spiel auf der Kithara, daß ihm seine Gattin herausgegeben wurde. Jedoch übertrat er das Verbot, sich auf dem Weg zur Oberwelt umzuschauen, und seine Frau sank wieder in das Totenreich zurück. Der Orpheusmythos bildete sich seit dem späten 7. und 6. Jh. immer weiter aus. Orpheus wurde schon in klassischer und hellenistischer Zeit auch regelmäßig als begnadeter Seher, als Zauberer, Wunderheiler und Verfasser der frühesten Hymnen, Gedichte und sonstigen heiligen Schriften angesehen, die für diese Mysterienreligion und ihre kosmologischen Spekulationen zentral sind. Es ist durchaus möglich, daß ein bestimmter Typus der thrakisch-balkanischen Schamanenpriester zum historischen Vorbild für die Ausgestaltung der Figur des Orpheus wurde. Orpheus galt also als ein in die tiefsten Geheimnisse des Göttlichen, der Kosmogonie und Theogonie und der Unterwelt eingeweihter Weiser und als ein Religionsstifter. Hier waren Anknüpfungspunkte für Hippobotos gegeben, den Orpheus zu den Sieben Weisen zu rechnen und mit seiner Aufnahme in diesen Kreis die Wirkungsmacht der orphischen Weisheitslehren zu betonen. Es ist nicht sicher, ob bestimmte Maximen im Sinne der Lebensweisheit der Sieben Weisen auf Orpheus zurückgeführt wurden. Die Anhänger seiner religiösen Lehren entfalteten im Laufe der gesamten Antike jedoch eine umfangreiche literarische, auch pseudobiographische Produktion, die aber bereits von methodisch strengen Philosophen der klassischen Periode wie Platon (*Politeia* 364e) äußerst kritisch bewertet wurde (West 1983, Bernabé 2004).

Pamphylos Pamphylos wurde am Ende des 4. Jh.s von dem Philosophen und Biographen Dikaiarchos zum erweiterten Kreis der Weisen gerechnet. Über seine Identität, besondere Aktivitäten, Werke und ihm sicher zugeschriebene Aussprüche ist aber nichts bekannt. Er fand trotz der Autorität des Dikaiarchos in der hellenistischen Epoche keine generelle Aufnahme in die Runde der Weisen. Dies wird bereits daraus deutlich, daß er auf den beiden ausführlichen Listen des Hermippos und des Hippobotos fehlt.

Peisistratos aus Athen   Nachdem Peisistratos (geb. kurz vor 600, gestorben 527) sich bereits in Athen militärisch im Krieg gegen Megara ausgezeichnet hatte, als die Athener die Insel Salamis im Saronischen Golf zurückeroberten, gelang es ihm, in einer Phase des inneren Streites in Athen zum Anführer einer regionalen Gruppierung zu werden, der *Hyperakrioi* (oder *Diakrioi*), also der Leute aus dem wenig ertragreichen attischen Hügelland. Einen besonders starken regionalen Rückhalt hatte Peisistratos im östlichen Attika in der marathonischen Küstenebene. Bereits ca. 560 ergriff Peisistratos erstmals in Athen mit Hilfe einer ihm vom Volk (Demos) selbst bewilligten Leibwache die Alleinherrschaft. Wieder aus dieser Tyrannis vertrieben, ging Peisistratos ins Exil, von wo er nach dem Aufbau eines Netzes von Verbündeten und ausgerüstet mit Geldmitteln und Söldnern erneut in Marathon landete, die Truppen der Polis Athen schlug und ab ca. 546 bis zu seinem Tode 527 eine langdauernde Tyrannisherrschaft über Athen errichtete. Hauptquelle über diese Ereignisse ist Herodot (1,59–64). Nach seinem Tode führten seine Söhne die Tyrannisherrschaft noch bis 510 weiter. Die Tyrannis des Peisistratos in Athen zwischen 546 und 527 wird in antiken Quellen überwiegend als eine zumeist friedvolle Epoche und als Phase der wirtschaftlichen und kulturellen Blüte gelobt (Thukydides 6,54; Aristoteles *Athenaion Politeia* 16,7–9). Abgesehen von seiner parakonstitutionellen, der Verfassungsordnung widersprechenden Stellung als Tyrann scheint unter Peisistratos gleichwohl keine ungesetzliche Willkürherrschaft existiert zu haben; vielmehr scheint die drakonisch-solonische Rechtsordnung in Geltung geblieben zu sein. Athen wurde systematisch durch große sakrale und profane Bauprojekte und die prunkvolle Ausgestaltung der Staatsfeste (Panathenäen und Dionysien) als panhellenische Ereignisse zu einem kulturellen

Zentrum in Griechenland aufgewertet. Obwohl sich dann seit dem 4. Jh. eine starke Abneigung dagegen durchsetzte, Tyrannen unter die Sieben Weisen zu rechnen, zählten auch einige jüngere Autoritäten den Peisistratos weiterhin zu diesem Kreise. Die Tyrannenfeindschaft gerade philosophischer Autoren traf viel stärker den Korinther Periandros als den Athener Peisistratos, mit dessen Herrschaft sich keine ähnlich blutrünstigen oder sexuell anstößigen Geschichten verbanden wie mit der des korinthischen Tyrannen. Allerdings gehört Peisistratos aufgrund seiner Herrschaftszeit schon eigentlich einer späteren Epoche als der Zeit der Sieben Weisen an. Mit Peisistratos verbinden sich auch keine besonders typischen Spruchweisheiten oder dichterischen Werke. In den engeren Kreis der ‹Standardliste› der Sieben Weisen wurde Peisistratos niemals aufgenommen.

Periandros aus Ambrakia Periandros aus Ambrakia, eine gleichnamige Person zu dem berühmten Tyrannen Periandros von Korinth, bleibt für uns eine völlig schattenhafte Figur. Es besteht der dringende Verdacht, daß Periandros von Ambrakia nichts weiter als eine durch antike Autoren erfundene Person ist. Vermutlich haben ihn spätere Autoren sich deshalb ausgedacht, weil es zu viele seriöse ältere Zeugnisse gab, die einen Periandros zum engen Kreis der Sieben Weisen rechneten. Während man allgemein nun den Tyrannen aus Korinth mit diesem Weisen identifizierte, versuchten unter anderem die Biographen Sotion und Herakleides Lembos im 2. Jh. vor sowie Pamphile im 1. Jh. n. Chr., den grausamen Tyrannen Periandros aus Korinth aus der Reihe der Sieben Weisen auszuschließen, aber zugleich die Zeugnisse über einen Periandros als Weisen über den gelehrten Ausweg der Identifikation mit einem anderen Periandros von Ambrakia anzuerkennen. Neanthes aus Kyzikos hat diese Konstruktion sogar durch das Detail bereichert, Periandros von Ambrakia, der Weise, sei ein Vetter des Tyrannen aus Korinth gewesen (Diogenes Laertios 1,98).

Pherekydes aus Syros Pherekydes war ein Weiser, Kosmologe und Mythograph des 6. Jh.s von der kleinen Ägäisinsel Syros

(Diogenes Laertios 1,116–122). Die Chronologie seiner Lebenszeit ist unsicher. Denn er gilt in der Antike sowohl als ein Zeitgenosse des Alyattes (ca. 605–560), des vorletzten Lyderkönigs, als auch des Perserkönigs Kyros (dann aber mit einem deutlich späteren Datum von 544–541 als *akme* oder Blütezeit seines Lebens). Sein Hauptwerk trug den kryptischen Titel *Heptamychos* («Die sieben Schlupfwinkel»), womit vielleicht verborgene Geburtsorte bestimmter Gottheiten gemeint sind. Das Werk wird auch *Theokrasia* oder *Theogonia* genannt und behandelte kosmologische, kosmogonische und mythographische Fragen. Formal war es in Prosa verfaßt. Es ergeben sich thematische Ähnlichkeiten zu der *Theogonia*, einem Lehrgedicht des bedeutenden Dichters Hesiod aus Boiotien im 7. Jh., zur Kosmogonie der Orphiker und auch zu nahöstlichen mythischen Vorstellungen. Die fragmentarische Überlieferungslage läßt aber keine sicheren Schlüsse mehr darauf zu, wie genau sich Pherekydes die Entstehung des Kosmos und der Götter vorstellte. Dem Pherekydes wurden weite Reisen, unglaubliche Wundergeschichten und zutreffende Vorhersagen über Unglücksfälle, Naturkatastrophen und politisch-militärische Ereignisse zugeschrieben. Dagegen sind keine Weisheitssprüche überliefert, wie wir sie sonst aus dem Kreis der Weisen kennen. Die ‹Weisheit› des Pherekydes unterscheidet sich offenbar in ihrer Artikulation also von derjenigen der typischen Sieben Weisen. Antike Quellen wollen schließlich von einer Freundschaft zwischen Pherekydes und Pythagoras wissen, wobei einige Autoren den Pythagoras gleich zu einem Schüler des Pherekydes erklären (Diogenes Laertios 1,119). Pherekydes selbst wird von dem Philosophiehistoriker Alexander Polyhistor im 1. Jh. v. Chr. einmal als Schüler des Pittakos bezeichnet, wodurch sich eine persönliche Beziehung zu einem sicheren Mitglied der Sieben Weisen ergeben würde, wenn es sich dabei nicht um eine bloße Erfindung des späthellenistischen Autors handelt (Diels-Kranz VS 7).

Pythagoras aus Samos   Pythagoras aus Samos lebte im 6. und frühen 5. Jh. und war von seinen Lebzeiten an bis an das Ende der Antike (durch die Neupythagoräer) einer der einfluß-

reichsten griechischen Philosophen. Er wirkte als Naturphilosoph, Mathematiker, Theologe, Musikphilosoph und Begründer
einer politisch-religiösen Lebensgemeinschaft von Jüngern zunächst in Kroton in Unteritalien. Man könnte die frühen Pythagoräer fast einen altgriechischen ‹Orden› nennen, wenn dieser
Ausdruck nicht zu viele anachronistische christliche Assoziati-
onen erwecken würde. Pythagoras wurde im Verhältnis zu seiner enormen Bedeutung auf philosophischem Gebiet, aber auch
für die politische Welt Unteritaliens auffällig selten unter die
Sieben Weisen gezählt. Seit der Stabilisierung einer ‹Standardliste› in frühhellenistischer Zeit rechnete er niemals mehr zu diesem Kreis. Dies mag daran liegen, daß die sizilisch-unteritalische
Griechenwelt ungeachtet ihres regen kulturellen Lebens und der
Blüte vieler Poleis bereits in archaischer Zeit und im starken Gegensatz vor allem zu den kleinasiatischen Poleis generell auffällig aus der Bildung der Tradition über die Sieben Weisen ausge-
klammert wird.

Das Leben und die authentischen Lehren des Pythagoras sind
aufgrund der schwierigen Quellenlage nur mehr in groben Zü-
gen rekonstruierbar. Es gibt zwar eine Vielzahl von teils ausführlichen biographischen und seine Lehren betreffenden Quellen, aber diese stammen oft von Autoren, die erst lange nach
dem Tod des Pythagoras schrieben (vor allem Diogenes Laertios
sowie die beiden kaiserzeitlichen Philosophen Porphyrios und
Iamblichos), und sie widersprechen sich zudem in vielen Punk-
ten. Falls Pythagoras selbst seine Lehre überhaupt schriftlich
niedergelegt hat, was keineswegs sicher ist, wurde diese authentische Lehre ohnehin jeweils nur einem kleinen Kreis ausge-
wählter langjähriger Jünger des Meisters zugänglich gemacht.
Vor den nur fragmentarisch überlieferten Schriften des Philo-
laos im späten 5. Jh. v. Chr. haben wir gar keine älteren pytha-
goreischen Schriften, lediglich einzelne, zudem oft polemische
Äußerungen. Auch die umfangreichen spätklassischen und frühhellenistischen Werke über Pythagoras sind alle nur in fragmen-
tarischer Form überliefert. Die Geburt des Pythagoras auf Samos dürfte gegen 570 anzusetzen sein. Wir hören von langen
und weiten Reisen nach Ägypten und Verbindungen mit orien-

talischen Weisen. Gegen 530 dürfte Pythagoras wegen der politischen Verhältnisse auf Samos unter der Tyrannis des Polykrates nach Unteritalien übergesiedelt sein, wo er in Kroton schnell Einfluß gewann und eine Gruppe von Jüngern um sich scharte. Wegen interner Spannungen mit anderen Pythagoräern siedelte Pythagoras schließlich nach Metapontion um, wo er etwa 480 starb. Pythagoras wirkte zeitlebens als philosophischer Lehrer, charismatischer Wundertäter und Heiler. Seine Anhänger sahen in ihm einen vollkommenen Weisen oder sogar einen ‹göttlichen Mann› (*theios aner*) mit übernatürlichen Fähigkeiten. So soll er die Gaben der Bilokation – zugleich an zwei Orten aufzutreten – und der Rückerinnerung an frühere Existenzen gehabt haben. Gegner der Pythagoräer griffen Pythagoras gerne scharf als Gründer einer verschrobenen ‹Sekte› an, als einen Scharlatan und seltsamen Sonderling.

Die komplizierte philosophische Lehre des Pythagoras kann hier nicht gebührend gründlich erörtert werden. Vieles, was in der Schulüberlieferung dem Meister selbst bereits zugeschrieben wurde, dürfte erst von nachfolgenden Pythagoräern formuliert worden sein. In der Lehre des Pythagoras spielten religiöse Vorstellungen von Seelenwanderung und Reinkarnation und von der periodischen Wiederkehr aller Dinge eine wichtige Rolle. Daraus ergaben sich strenge Lebensregeln für die Pythagoräer (Vegetarismus, Speisetabus, Reinheitsvorschriften usw.), eine lange Zeit der religiös-philosophischen Vorbereitung mit Initiationsriten, geheimen Lehren und Schlüsselworten sowie schließlich sogar besondere, von der übrigen damaligen Welt abweichende Begräbnisriten. Eine Lebensführung in sittlich-geistiger und körperlicher Reinheit galt den Pythagoräern als Vorbedingung der Erkenntnis, da die Seele nur im Zustand der Reinheit zur Erkenntnis fähig sei und Zugang zum Göttlichen habe. Die jeweilige Lebensführung verschlechtere oder veredele den Menschen daher entscheidend. Seine Seele gehe nach dem Tode in ein anderes Wesen ein. Seelenwanderung und Wiedergeburt sind den älteren Pythagoräern bereits zentrale Lehrsätze, aber im Unterschied etwa zum Buddhismus scheint es nicht das Endziel gewesen zu sein, die Kette der Reinkarnationen zu brechen

und in eine Art von Nirwana, dem Vergehen ins Nichts, aufzu-
steigen. Pythagoras faßte das gesamte Weltall und die Erde wegen der darin erkennbaren wunderbaren Ordnung als einen
kosmos auf. Dessen Ordnung beruhe auf bestimmten Zahlen-
verhältnissen, Proportionen und musikalischen Harmonien, die
sich auch in den Sphärenharmonien ausdrückten. Pythagoras
galt schließlich auch als begabter Astronom und berühmter Mathematiker, nach dem bis heute noch der bekannte ‹Satz des Pythagoras› benannt ist. Er besagt, daß in allen ebenen rechtwink-
ligen Dreiecken die Summe der Flächeninhalte der Katheten-
quadrate gleich dem Flächeninhalt des Hypothenusenquadrates
ist (bzw. als Gleichung ausgedrückt $a^2 + b^2 = c^2$).

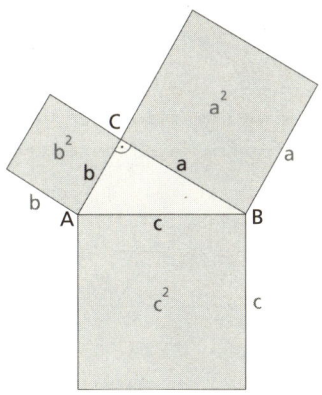

Sammlungen von Weisheitssprüchen, in denen Pythagoras seine
Lehren angeblich überliefert habe, waren in der Antike verbreitet. Diese nannten die Pythagoräer selbst *akusmata* (‹Gehörtes›)
oder *symbola* (‹Wahrzeichen›). Diogenes Laertios zitiert einige
der für Nichteingeweihte kryptischen Sätze (8,17–18), z. B. man
solle «Feuer nicht mit dem Schwerte schüren», «die Waage nicht
überschlagen lassen», «nicht müßig auf dem Kornmaß sitzen»,
«das Herz nicht essen», das «Bild der Gottheit nicht auf dem
Ringe mit sich herumtragen» oder «die Spur des Topfes in der
Asche verwischen» usw. Die Unterschiede zu den typischen
Weisheitssprüchen der Sieben Weisen fallen unmittelbar auf.
Ähnlich anderen Weisen gab es auch eine Überlieferung über

Briefe des Pythagoras und der Pythagoräer. Insgesamt unterscheidet sich das pythagoräische Konzept der Weisheit (*sophia*)
deutlich sowohl von der typischen Weisheit der Sieben Weisen
wie auch von der ‹technischen› Weisheit der Sophisten. Daher
trennte ihn auch zu Recht Diogenes Laertios als den Begründer der italischen Philosophenschule deutlich von den älteren
Weisen ab (1,13). Eine ausführliche Behandlung des Pythagoras
legt Diogenes erst im achten Buch in den Kapiteln 1 bis 50 vor.
Pythagoras stand zwar auf den zwei besonders ausführlichen
Listen der Weisen des Hermippos und des Hippobotos, aber
weder auf den Listen der älteren Autoritäten des 4. Jh.s noch
auf der späteren ‹Standardliste› der Kaiserzeit (Texte: Diels-
Kranz VS 14 Pythagoras und VS 58 pythagoräische Schule,
Timpanaro Cardini 1958–1964, Guthrie 1987, Thesleff 1965).

Christliche Meinungen über die Sieben Weisen:
Clemens von Alexandria, Origenes und Augustinus

Die christliche Tradition stellte den heidnischen griechischen
Sieben Weisen keine spezifisch christlichen Sieben Weisen entgegen. Bekanntlich gab es in der frühen Kirche einen dauerhaften
Konflikt zwischen der nach christlichem Verständnis überle-
genen christlichen Weisheit, der ‹Torheit des Kreuzes›, und der
in der kulturellen Umwelt der Christen zunächst noch über-
mächtigen weltlichen Weisheitstradition der *philosophia* der
Griechen und *sapientia* der Römer. Bei christlichen Autoren
sind auch häufig Rückgriffe auf die alte jüdische Weisheits- und
Sprüchetradition als Alternative zu Bezügen auf die Sieben Weisen zu finden. Indem man zudem die Weisen und Gesetzgeber
des Alten Testaments als Vorläufer der Christen für die eigene
christliche Tradition reklamierte, konnten gebildete Christen in
eine Konkurrenz darüber eintreten, ob die heidnisch-griechische
oder doch die jüdisch-christliche Weisheit älter sei. In diesen
kulturellen Kontext gehören Passagen christlicher Autoren, in
denen versucht wird, Mose als Weisen und Gesetzgeber der alten Zeit vorteilhaft mit den griechischen Sieben Weisen zu vergleichen oder gar ihn unter diese Weisen einzureihen.

Das Thema der Sieben Weisen und der frühen griechischen Weisheit findet bereits in den *Stromata* (‹Teppiche›) des Titus Flavius Clemens aus Alexandria eine ausführliche Behandlung (1,59,1–5). Clemens, der philosophisch hochgebildete Leiter der christlichen Katechetenschule in Alexandria im späten 2. Jh. n. Chr. und Verfasser einflußreicher theologisch-philosophischer Werke, unterscheidet zunächst eine sehr frühe Phase der Dichter wie Orpheus und Linos. Danach nennt er die «sogenannten Sieben Weisen», von denen vier aus Asien stammten: Thales, Bias, Pittakos und Kleobulos (wobei er die Inseln Rhodos und Lesbos Kleinasien zuschlägt). Dazu kamen Solon und Chilon. Bei dem siebten Namen gebe es unterschiedliche Überlieferungen. Clemens nennt leider hier keine namentlichen Vorlagen. Die einen Autoren hätten den Korinther Periandros genannt, andere den Skythen Anacharsis oder den Kreter Epimenides. Man sieht, daß Clemens keine völlig neuen Namen mehr einführt, sondern Bildungswissen referiert. Der Kreter Epimenides ist übrigens der einzige Weise, auf den auch der Apostel Paulus einmal (aber ohne Namensnennung dieses heidnischen griechischen «Propheten») in seinem *Ersten Brief an Titus* (1,12 f) mit einem Zitat anspielt. Clemens resümiert in einer längeren Erörterung (*Stromata* 1,60,1) befriedigt, die frühen Sieben Weisen der Griechen hätten später als Mose gelebt. Dieser aber war Clemens zufolge nach sicherer Überlieferung ebenfalls schon als ein Gesetzgeber, Weiser und Prophet anzusehen.

Auch Origenes, der vielleicht einflußreichste frühchristliche Theologe und Philosoph im frühen 3. Jh. n. Chr., bezieht im ersten Buch seines Werkes *Gegen Kelsos* (1,16) in der Diskussion um Weise der alten Zeit Position. Origenes greift in diesem Werk seinen heidnischen Gegner Kelsos an, der seinerseits zuvor Juden und Christen scharf kritisiert hatte. Der gelehrte Christ Origenes hält es für widersprüchlich und wenig überzeugend, daß Kelsos zwar – wie damals üblich – berühmte Weise, Priester und Propheten bei den Odrysen (Thrakern), Samothrakern, Hyperboreern (den sagenhaften Nordvölkern), Kelten, Ägyptern, Assyrern, Indern oder Persern anerkannt und gewürdigt habe, aber das Alter und den Rang der jüdischen (und damit implizit der christlichen) Weisheit bestritten habe. Wiederum stellt Origines unter allen alttestamentarischen Propheten und Weisen Mose (aber nicht etwa den für seine Urteile berühmten weisen Salomon) den griechischen frühen Weisen und ‹theologischen› Dichtern an die Seite. Origines zählt hier Linos, Musaios, Orpheus, Pherekydes und Pythagoras auf, aber interessanterweise auch den persischen Priester, Weisen und Religionsstifter Zoroastres (bzw. in der im Deutschen üblichen Namensform Zarathustra). Es war für hellenisierte Juden und Christen naheliegend, Mose als einen Weisen, Gesetzgeber und Propheten gerade auch mit den Sieben Weisen des archaischen Hellas zu vergleichen.

Origines' Liste fällt ebenfalls dadurch auf, daß er den Linos ausdrücklich einbezieht (wie Clemens – und Hippobotos). In dieser Liste wird auch der persische Religionsstifter Zarathustra genannt. Die Versuche, jüdische oder persische Weise den griechischen Sieben Weisen an die Seite zu stellen, zeigen, wie aktuell das Problem der fremden Einflüsse auf die Entwicklung der griechischen Philosophie geblieben war und wie autoritativ 800 bis 1000 Jahre nach der Epoche der Sieben Weisen ihre Bedeutung weiterhin war. Mit Clemens und Origines diskutierten bezeichnenderweise zwei der besonders gut mit der heidnischen Bildungstradition vertrauten griechischen christlichen Schriftsteller das Thema.

Auch in der Tradition der lateinischen christlichen Autoren könnte man zeigen, daß die Sieben Weisen und das Wesen und der Nutzen ihrer Weisheit gerade für in der klassischen Tradition hoch gebildete Christen offenbar ein Thema bildeten. Ein gutes Beispiel hierfür sind Passagen aus Aurelius Augustinus' Büchern *De civitate Dei*. In diesem staatsphilosophischen Hauptwerk des gelehrten Kirchenvaters und Bischofs von Karthago *Über den Gottesstaat*, das im Mittelalter und der frühen Neuzeit sehr einflußreich wurde, zeigt sich Augustinus (354–430) mit der heidnischen antiken Bildung wohl vertraut. Natürlich sind ihm auch die Namen der Sieben Weisen und ihre Bedeutung in der Geschichte der frühen griechischen Philosophie bekannt. Am Anfang von Buch 8 gibt er einen kurzen Überblick über die frühe Entwicklung der griechischen Philosophie und die Lehren und den Rang herausragender heidnischer Philosophen. 8,2 handelt von den zwei frühen Richtungen der Philosophen, dem *Italicum genus* – dem italischen Geschlecht der Philosophen – und dem *Ionicum genus* – dem ionischen Geschlecht – und ihren Begründern. In der Zeit vor deren Ausbildung zeichneten sich die *sapientes* (Weisen) durch ihr vorbildliches *genus vitae* – ihre Lebensführung – und *quaedam praecepta ad bene vivendum accomodata* aus (gewisse Regeln, die für eine gute Lebensführung geeignet waren). Hier nennt Augustinus allerdings keine vollständige Namensliste der Sieben Weisen und weist auch keine speziellen *praecepta* einzelnen Weisen zu. Er hebt – typisch für die kaiserzeitliche Rezeption der Sieben Weisen – den Thales von Milet als ‹princeps› (den Ersten im Rang) der Sieben Weisen hervor und nennt einige seiner berühmten naturphilosophischen Lehrsätze und astronomischen Leistungen.

An einer späteren Stelle (18,14) unterscheidet Augustinus eine ältere Zeit der *poetae theologi* (der Dichter als ‹Theologen›) wie etwa Orpheus, Musaios und Linos von der späteren Periode der *septem sapientes*. Orpheus sei unter diesen *poetae* der berühmteste gewesen (18,24). Die Zeitstellung der Sieben Weisen erklärt er seinen Lesern (18,24–25) durch einen Synchronismus mit der Regierung des Romulus in Rom – der Sage nach im 8. Jh. v. Chr. – und der babylonischen Gefangenschaft der Israeliten im 6. Jh. v. Chr. Aus heutiger Sicht ergeben sich aus diesem doppelten Synchronismus chronologische Probleme, die aber weder Augustinus noch seine damaligen Leser besonders gestört haben werden. In 18,25 hebt Augustinus für die Zeit des Tarquinius Priscus, also des fünften römischen Königs, erneut das Wirken der Sieben Weisen hervor. Von diesen werden Pittakos aus Mytilene und der Milesier Thales als erste genannt. Für die Chronologie stützt sich Augustinus diesmal auf den Bischof Eusebius von Kaisareia (ca. 260–340) und nennt hier auch ausdrücklich die übrigen fünf Namen der Sieben Weisen in folgender Reihenfolge: Solon den Athener, Chilon den Lakedaimonier, Periandros den Korinther, Kleobulos aus Lindos, Bias aus Priene. Dies war die Standardliste der Weisen, die in dieser Form, nicht zuletzt auch wegen der Autorität des Augustinus, an das lateinische Mittelalter weitergegeben wurde. Alle Sieben verdienten ihre Ehrennamen als Weise nach Meinung des Augustinus durch ihre lobenswerte Lebensführung und ihre *praecepta vitae* – die Lebensregeln – in sentenzenhafter Kürze.

Für einen christlichen Autor wie Augustinus ist es bemerkenswert, daß selbst der Tyrann Periandros hier wegen seiner Lebensführung gelobt wird. Vielleicht waren die überlieferten Details über Periandros' Grausamkeit, die heidnische philosophische Autoren wie Platon dazu geführt hatten, ihn aus dem Kreis der Weisen auszuschließen, dem Augustinus nicht mehr bekannt. Wahrscheinlicher ist es aber, daß sich die Namenliste der Weisen im Laufe der Kaiserzeit durch den damaligen Schulbetrieb weiter so gefestigt hatte, daß ein Ausschluß des Periandros aus ethischen Gründen dem Augustinus nicht mehr in den Sinn kam. Denn die Sieben Weisen waren inzwischen zu Ikonen frühgriechischer Lebensweisheit geworden, so daß man keinen von ihnen einfach weglassen oder durch einen anderen jetzt noch ersetzen konnte.

2. Angebliche Briefe der Sieben Weisen und ihre Lieder

Die angeblichen Briefe der Sieben Weisen, die wir im ersten Buch des Diogenes Laertios meist am Ende seiner Abschnitte über einzelne Weise eingelegt finden, sind nach der begründeten Meinung der heutigen Forschung wohl sämtlich unecht. Bei einigen dieser Briefe räumt das übrigens auch bereits Diogenes Laertios selbst ein, der dieses aus seiner Sicht interessante biographische Material aber trotzdem aufgenommen hat. Denn im allgemeinen waren Briefe in der Antike bis zu seiner Zeit eine wichtige Gattung des philosophischen Schrifttums geworden. Es lag für die Leser des Diogenes Laertios nahe, daß sich auch bereits die Sieben Weisen Briefe geschrieben hatten. Es dürfte sich jedoch ganz überwiegend um literarische Fälschungen aus der hellenistischen Epoche (323–31 v. Chr.) handeln, wenn nicht sogar erst Diogenes Laertios selbst einige Briefe verfaßte. Bevorzugt schreiben sich die Weisen untereinander angeblich meist kurze Briefe, manchmal wenden sie sich aber auch sogar an den Lyderkönig Kroisos. Die Briefe handeln von der Furcht vor der Tyrannis oder dem Kampf gegen sie, von Einladungen der Weisen untereinander, von einem Zusammentreffen der Weisen, von dem Reichtum des Kroisos, von Solons Aktivitäten oder von den Reisen der Weisen. Es ist quellenkritisch leicht ersichtlich, daß diese Briefe aus dem allgemein verbreiteten biographischen Material über die Weisen ohne Mühe zusammengestellt werden konnten. Sie enthalten keine wertvollen Informationen, die unser Bild von den Sieben Weisen ergänzen könnten.

Daher kann ich mich zu diesen bei Diogenes überlieferten Briefen kurz fassen. Er erwähnt einen Brief des Peisistratos an Solon (1,53–54), in dem der Tyrann ausführlich Solon gegenüber seine Stadtherrschaft zu verteidigen und zu legitimieren versucht und dann Solon auffordert, schnell wieder nach Athen

zurückzukehren, zudem (1,64–68) vier angebliche Briefe Solons
an Periandros, Epimenides, Peisistratos und Kroisos. Damit
wird Solon in der Überlieferung bei Diogenes zu einem der ak-
tivsten Briefschreiber unter den Sieben Weisen. Zehn
Briefe wurden dem Skythen Anacharsis zugeschrieben. Einer
davon ist auch bei Diogenes Laertios notiert (1,105). Eine phi-
lologische Analyse läßt deutlich erkennen, daß alle diese Ana-
charsis-Briefe hellenistische, durch die kynische Richtung der
Philosophie beeinflußte Fälschungen sind. Überhaupt galt ja
Anacharsis der Schule der Kyniker als ein Vorbild unter den Sieben Weisen. Diogenes Laertios kennt auch einen angeblichen
Brief des Chilon an den Tyrannen (und Weisen) Periandros
(1,73), der immerhin lakonische Kürze und damit Stilechtheit
wahrt. Nur einen kurzen Brief des Kleobulos an Solon führt
Diogenes an (1,93). Er verweist auf drei Briefe des Periandros
(1,99–100) und zitiert einen des Pittakos an Kroisos (1,81). Wir
finden ferner einen Brief des Epimenides an Solon (1,113), einen
des Pherekydes an Thales (1,122) und zwei Briefe des Thales an
Pherekydes und an Solon (1,43–44). Ich zitiere diesen Brief vollständig als ein Beispiel für den typischen Inhalt und höflich-
freundschaftlichen Ton der meisten Briefe: «Thales an Solon.
Falls Du Athen verläßt, dann scheint es mir am passendsten zu
sein, wenn Du in Milet Wohnung nimmst, bei den Einwohnern
eurer Stadtgründung (*apoikoi*). Dort nämlich wirst Du keiner
Gefahr ausgesetzt sein. Sollte dich aber der Gedanke besorgt
machen, daß wir Milesier von einem Tyrannen regiert werden,
da Du ja ein Feind aller Stadtherrscher (*aisymnetai*) bist, dann
könntest Du Dich doch jedenfalls an der Gesellschaft Deiner
philosophischen Gefährten (*hetairoi*) erfreuen, wenn Du hier leben wolltest. Bias hat Dir geschrieben und Dich nach Priene ein-
geladen. Falls Du nun diese Stadt Priene als Wohnsitz vorziehst,
dann werde ich dorthin kommen und dort Wohnung nehmen
bei Dir.» Aus dem engeren Kreis der Weisen werden bei Diogenes Laertios lediglich für Bias und für Myson keine Briefe überliefert oder wenigstens erwähnt. Eine umfangreiche antike
Überlieferung gab es bekanntlich zu Briefen des Pythagoras und
der Pythagoräer. Aber Diogenes rechnet diesen Philosophen ja

nicht zum engen Kreis der Sieben Weisen, sondern hält ihn für den Begründer einer seiner beiden Sukzessionsreihen.

Anders als mit den Briefen der Sieben Weisen sieht es dagegen mit der antiken Überlieferung über Lieder der Weisen (*skolia, asmata*) aus, die noch nach Jahrhunderten und bis in die Zeit des Diogenes Laertios bekannt geblieben waren und z.B. zum Symposion gesungen wurden. Diogenes erwähnt ausdrücklich solche Lieder des Chilon, Pittakos, Bias und Kleobulos. Leider sind hiervon keine vollständigen Texte mehr erhalten. Diogenes Laertios (1,85) zitiert aber zum Beispiel aus einem besonders beliebten Lied des Bias folgende Zeilen: «Sei bei allen Bürgern beliebt, in welcher Stadt du auch lebst. Denn dies bringt dir den meisten Dank ein; eine stolze und eigensinnige Einstellung aber bringt oft schädliches Unheil hervor.»

3. Der Wettstreit der Sieben Weisen um den Dreifuß als Ehrenpreis für den Weisesten

Abgesehen von der beliebten Streitfrage, wer genau zum Kreis der Sieben Weisen gehören sollte, befaßten sich die antiken Autoren besonders gerne mit drei weiteren Themen: dem persönlichen Treffen aller oder mehrerer der Weisen (meist in Delphi), der Zuweisung bestimmter Sprüche an einzelne Weise und, als vielleicht berühmteste Geschichte, mit dem Wettstreit der Weisen um einen Dreifuß als Preis für den Weisesten der Weisen. Für die Hauptvariante dieser Geschichte ist es typisch, daß jeder der Weisen bescheiden auf den Weisheitspreis verzichtet und einen anderen Weisen als besser geeigneten Empfänger des Preises benennt. Der Preis macht auf diese Weise dann die Runde. Schließlich wird er nach der stringenten Version bereits des Dichters und Gelehrten Kallimachos im 3. Jh. v. Chr. als Weihegeschenk für Apollon in Delphi gestiftet. Als Alternativen zum Dreifuß als Preis werden seltener auch ein Becher, eine Trinkschale oder eine Schüssel bei unterschiedlichen Autoren genannt. Bereits Platon und Andron (FGrHist IV A 1 1005) hatten diese Geschichte aufgegriffen, in der sich die tiefe Weisheit der Weisen gerade in ihrer Bescheidenheit äußert. Vielleicht resultierte die naheliegende Frage, wer ist unter den Griechen der Weiseste, bereits aus der griechischen Poliswelt mit ihren zahlreichen autonomen Städten und ihren dauernden Rivalitäten oder aus dem allgemeinen agonalen – wettkampffreudigen – Charakter der griechischen Kultur in der spätarchaischen und klassischen Zeit (ca. 550–323 v. Chr.). Die späteren Versionen der Geschichte, die wir vor allem bei dem sizilischen Historiker Diodor im späten 1. Jh. v. Chr., dann bei Valerius Maximus in seiner Sammlung bedenkenswerter Beispiele und Aussprüche unter Kaiser Tiberius, schließlich bei Diogenes Laertios oder Plutarch greifen können, bieten ledig-

lich abhängige Varianten zum frühen Hauptbericht des Kallimachos.

Keiner der angesehenen griechischen Polisbürger und helleni-
schen Weisen erhält also in den verschiedenen Versionen der
Geschichte am Ende den Preis. Vielmehr wird deutlich, daß der
Weiseste gar kein Mensch ist, sondern der Gott des berühmten
Orakels von Delphi, Apollon selbst. Oder die Entscheidung fällt
in den beiden wichtigsten Nebenvarianten der Geschichte auf
einen gänzlich Unbekannten als Weisesten, bei dem niemand
diese Auszeichnung erwartet hätte – hier den unbekannten Bauern Myson aus Chen –, oder sogar auf einen Nichtgriechen, den
philosophisch gebildeten Skythen Anacharsis, der also offenbar
weiser als alle gebürtigen Griechen ist.

4. Die Bedeutung der Zahl Sieben in der antiken Zahlentheorie und Symbolik

Ohne Zweifel war die Zahl Sieben im antiken Griechenland wie zuvor bereits im Alten Orient oder in Indien eine wichtige symbolische, kosmische und magische Zahl. Die umfangreiche moderne Fachliteratur zur Siebenzahl in den antiken und nachantiken Kulturen ist nur zum Teil wissenschaftlich, häufig aber auch mehr oder weniger esoterisch. Es fragt sich, warum sich für den Kreis der Weisen des archaischen Griechenland bereits seit dem 4. Jh. v. Chr. die feste Zahl von genau sieben Mitgliedern ausbildete. Denn es wäre vielleicht doch auch eine Festlegung auf eine andere Zahl vorstellbar gewesen, die in Religion, Mythos und Magie der Griechen besonders bedeutend war, zum Beispiel die Neun oder die Zwölf. Die Frage nach der Festlegung auf genau sieben Weise verbindet sich untrennbar mit der kulturgeschichtlich bedeutsamen Frage, ob für die Festlegung der Siebenzahl ausschließlich oder doch primär griechische Bezüge den Ausschlag gaben oder ob in erheblichem Maße östliche, babylonisch-persische und phönikische Einflüsse eine Rolle spielten.

Die hohe Bedeutung der Siebenzahl im Alten Orient in Indien, Babylonien, Persien oder auch Phönikien ist bereits häufig hervorgehoben und erläutert worden (Reinhold 2008). Unter den klassischen Altertumskundlern haben bereits früh Snell (1975), dann nachdrücklich West (1971) und Burkert (1984) und in jüngerer Zeit Martin (1993) für entscheidende orientalische Einflüsse auf die Ausbildung des Kreises der Sieben Weisen plädiert. Bekanntlich kannten die Babylonier und Perser eine Sieben-Tage-Woche, sieben ‹Wandelsterne› (Sonne, Mond, Merkur, Venus, Mars, Jupiter und Saturn), sieben gute und böse Geister, sieben Räte des Königs, sieben Rosse des Sonnengottes Mithra usw. Diese Einflüsse könnten wie vielfältige andere orientalische Einflüsse auf das archaische Griechenland in der

Kunst, der Literatur und der Religion über das Lyderreich des Kroisos, über phönikische Küstenpoleis oder Ägypten nach Ionien und Festlandhellas vermittelt worden sein. Auch gibt es ja Berichte über Reisen mehrerer griechischer Weiser, beispielsweise des Solon oder des Thales, nach Lydien und Ägypten (Diogenes Laertios 1,27 und 43; Plutarch *Solon* 26).

Martin (1993, 120–124) sah enge nahöstliche Parallelen zu den griechischen Sieben Weisen und Vorbilder für diese Gruppe zum Beispiel bereits im *Gilgamesch*-Epos, in dem Sieben Weise in babylonischer Tradition erwähnt werden, welche die Mauern von Uruk erbauten. Sie lernten ihre Weisheit von den Göttern und waren teils menschen-, teils fischgestaltig. Bereits in dieser tiergestaltigen Mischform liegt aber ein unüberbrückbarer Unterschied zu den griechischen Sieben Weisen. Auch wurden den babylonischen weisen Wesen des *Gilgamesch*-Epos keine Spruchweisheiten zugeschrieben, obwohl doch Spruchweisheit und Weisheitslehren an sich im Alten Orient und in Ägypten weit verbreitet waren. Es ist daher wohl nur ein entfernter Einfluß denkbar. Martin sah ferner Parallelen der griechischen Weisen zu den Sieben Weisen Indiens, den sogenannten Rsis in den Sanskrit-Texten der *Vedas*. Sie waren in einer Person Seher und Dichter, Mystiker, Opferspezialisten, Herrscher oder Gurus von Herrschern. Sie wurden später nach der indischen Überlieferung zu Sternen, nämlich zu den Pleiaden (dem Siebengestirn). Auch hören wir über Agone zwischen diesen indischen Weisen über ihre Weisheit oder ihre asketischen Fähigkeiten und Wunderkräfte.

Aber ganz abgesehen von solchen durchaus möglichen und älteren außergriechischen Einflüssen spielte die Siebenzahl bereits in der griechischen Kosmologie, Mythologie, Zahlenmagie und Religion eine entscheidende Rolle. Die Bedeutung der genuin griechischen Traditionen um die Siebenzahl ist bereits so gewichtig, und sie verbindet sich zudem so eng und so früh mit der Gottheit Apollon, der die Sieben Weisen in der Überlieferung nahestehen, daß andere Gelehrte einen primär, vielleicht sogar ausschließlich griechischen Kontext annehmen, aus dem sich die Siebenzahl der Weisen ausbildete (Roscher 1904 und

1906, Barkowski 1923, Hager 1974, Bollansée 1999a). Diese Forscher erinnern exemplarisch an die sieben weisen Söhne des Sonnengottes Helios und der Rhodos, einer Tochter der Aphrodite und der Namensgeberin der bekannten griechischen Insel, in der griechischen Dichtung etwa bei Pindar (*Olympische Oden* 7,14 und 7,71 f) und in der Mythographie beispielsweise bei Hellanikos (FGrHist 4 F 107). Die Zahl Sieben spielte im griechischen Mythos allgemein eine wichtige Rolle, insbesondere in dem Kampf der sieben Anführer gegen das siebentorige Theben in Boiotien, der in vielen verschiedenen poetischen und prosaischen Werken beschrieben wurde. Es entstanden bereits in der archaischen Epoche auch in Hellas komplizierte Siebenzahl-Lehren (Hebdomadenlehren), die bis in die Spätantike hinein fortentwickelt wurden. Auch im griechischen Kalenderwesen bezeichnete die *Hebdomas* eine siebentägige Frist im Rahmen des Mondumlaufes. Solon als einer der Sieben Weisen unterschied in einem seiner Gedichte sieben Lebensabschnitte und Altersstufen des Menschen. Die 70 galt als eine runde Zahl für ein erfülltes, hohes Lebensalter.

Für die Pythagoräer bedeutete die Sieben den *kairos*, also das rechte Maß, den rechten oder günstigen Augenblick oder Ort, auch den Erfolg. Ebenfalls hielten sie die Sieben als eine ‹jungfräuliche Primzahl› für die Symbolzahl der Athene, dieser mit der Weisheit eng verbundenen griechischen Gottheit. In ihrer Zahlenmystik kannten die Pythagoräer sieben Sphären des Himmels. Solche Spekulationen wurden bis zu den Neupythagoräern der Spätantike immer weiter ausgebaut. Erwähnt sei auch die wichtige Rolle der Zahl Sieben im *Timaios* Platons. Der alexandrinische Gelehrte Hermippos schrieb ein eigenes, heute leider verlorenes Werk *Über die Sieben*.

Für die Festlegung auf Sieben Weise scheint jedoch insgesamt von allen griechischen Bezügen die enge Verbindung der Siebenzahl mit Apollon, dem delphischen Sonnen-, Weisheits- und Orakelgott, am wichtigsten zu sein. Viele antike Quellenzeugnisse belegen eine große Nähe der Sieben Weisen zu panhellenischen Heiligtümern des Apollon, zu seinem Mythenkreis und Kult. Die Vermutung liegt nahe, daß vielleicht sogar das delphische Orakel selbst als eine Art von intellektuellem Zentrum des Wissens in der archaischen griechischen Staatenwelt an der Entstehung der Vorstellung von den Sieben Weisen aktiv beteiligt war. Auch ist die Tradition wichtig, daß berühmte Aussprüche, als deren Urheber allgemein die Sieben Weisen galten, als Inschriften am Apollontempel in Delphi angebracht gewesen seien, so vor allem *gnothi sauton* (Erkenne dich selbst) und *meden agan* (Nichts im Übermaß). Mehr noch als eine Zahl der Athene oder des Zeus galt die Sieben im Mythos und Kult als die besondere Zahl des Apollon. Der Gott wurde nach alter Überlieferung am siebten Tag des Monats Thargelion geboren (ca. Mai-Juni). Dabei zogen Schwäne sieben Kreise um seine Geburtsinsel Delos. Man opferte Apollon bevorzugt am siebten Tag. Er führte die Kultnamen Apollon *Hebdomaios* (vom siebten Tage) oder *Hebdomagetes* (der am siebten Tage gefeiert wird). Apollon wurde – sein Haupt ikonographisch mit sieben Strahlen verziert – gerne als Sonnengott abgebildet; seine Lyra hatte sieben Saiten, sieben Knaben und sieben Mädchen wirkten häufig im Apollonkult als Gruppen von Chören mit. Daher war also eine Festlegung der Anzahl der Weisen auf Sieben Weise durchaus bereits auch ohne außergriechische, orientalische Einflüsse naheliegend.

Kulturgeschichtlich sei hier nur kurz ergänzt, daß *Hebdomaden* natürlich auch in der jüdischen und christlichen Tradition fundamental wichtig waren. Es mag hier genügen, an die sieben Tage der Woche und den Sabbath als siebten Tag zu erinnern. Allgemein gilt die Sieben im Alten Testament als Zahl der Ganzheit, Fülle und Vollkommenheit. Man denkt auch spontan an die sieben Augen Jahwes, den siebenarmigen Leuchter, die sieben Säulen der Weisheit und viele weitere Beispiele. Aus dem Neuen Testament und der christlichen Tradition erinnert man sich etwa an die Buchrolle mit den sieben Siegeln, die sieben Bitten des Vaterunsers, die sieben Tugenden und Todsünden, die sieben Sakramente, die sieben Gaben des Heiligen Geistes oder die sieben Werke der Barmherzigkeit. Aber in der spätantiken christlichen und mittelalterlichen Tradition formt sich kein fester Kreis etwa von sieben christlichen Kirchenlehrern. Dagegen

denkt man eher schon an die Sieben Märtyrer bzw. Sieben Schlä-
fer aus Ephesos, deren fromme Weisheit alle heidnische griechische Weisheit ja aus christlicher Sicht ohnehin überstieg. Der
Legende nach waren sieben Brüder während der Christenverfol-
gung unter Kaiser Decius im 3. Jh. in einer Höhle eingeschlossen
und fast 200 Jahre später von Gott wieder auf wundersame
Weise aus ihrem Schlaf erweckt worden. In Erinnerung an sie
kennt man im heutigen ‹Bauernkalender› noch den Siebenschlä-
fertag (27. Juni). Im Unterschied zu den Sieben Weisen der archaischen griechischen Periode fällt schließlich auch auf, daß es
keine besondere Zahl von hervorgehobenen sieben Propheten
oder Weisen des Alten Testamentes gibt.

5. Die griechischen Sieben Weisen und andere antike Weise

Interessante Unterschiede im öffentlichen Auftreten und Wirken der griechischen Sieben Weisen fallen im Verhältnis zu anderen Gruppen von Weisen in der antiken Welt auf. Für kurze Vergleiche, in denen manche typischen Züge der archaischen Sieben Weisen erneut deutlich werden können, eignen sich zum Beispiel die zeitgenössischen frühen griechischen ‹vereinzelten› Philosophen der archaischen Zeit Heraklit oder Pythagoras, die nicht zu diesem Kreis gerechnet wurden, dann die ebenfalls annähernd zeitgenössischen griechischen Nomotheten – Gesetzgeber –, die nicht in die Gruppe der Sieben Weisen aufgenommen wurden. Obwohl die Sophisten deutlich später und in einem gewandelten politisch-sozialen Umfeld wirkten, sind auch Vergleiche mit diesen Intellektuellen des 5. und 4. Jh.s v. Chr. und schließlich mit den Begründern der großen griechischen Philosophenschulen hilfreich. Schließlich gab es zur Zeit der Sieben Weisen natürlich in der Nachbarschaft Griechenlands einflußreiche Traditionen der Weisheit und bekannte Gruppen von ‹Weisen›, so die Magier in Persien, die Gymnosophisten und Weisen Männer in Indien, die Propheten des Alten Israel oder die gelehrten Priester in Ägypten.

Beginnen wir mit einem zeitlich naheliegenden Vergleich mit anderen griechischen Philosophen der archaischen Zeit, beispielsweise mit Heraklit: Er galt schon in der Antike als ein ‹dunkler› Philosoph, dessen oft schwerverständliche Sätze manchmal das genaue Gegenteil darstellen zu den meistens kurzen, einfachen und verständlichen Spruchweisheiten der Sieben Weisen. Während Heraklit sich bestimmten Anekdoten zufolge bewußt aus der Gemeinschaft seiner Mitbürger in einer elitären philosophischen Verachtung für die ungebildete Menge zurückzog, wirkten die meisten der Sieben Weisen demonstrativ öf-

fentlich in wichtigen sozialen Rollen (als Nomotheten, Schiedsrichter, Magistrate, Stadtherren) am politischen Leben und der
Gesetzesordnung ihrer Poleis mit. Das Philosophieren eines
Heraklit (oder auch des Pythagoras) betraf ferner keineswegs
primär die allgemeine Lebensklugheit und praktische Ethik,
sondern ging weit darüber hinaus durch tiefgründige Spekulationen über das Wesen der Welt und der Dinge und Lebewesen
in ihr, über die Art und Weise unserer Erkenntnismöglichkeiten
oder das Werden und Vergehen aller Menschen und Dinge. Aus
der Kerngruppe der Sieben Weisen ragt lediglich Thales von Milet mit seinen naturphilosophischen Theorien als eine vergleichbare Philosophengestalt hervor. Pythagoras gab ebenfalls anders
als die Sieben Weisen seine wichtigsten Lehren nur in verschlüs-
selter Form und einem ausgewählten Kreis gründlich ausgebildeter und langjährig geprüfter Anhänger weiter. Mit dem Kreis
seiner philosophischen ‹Jünger› bildete Pythagoras anders als
die Sieben Weisen also eine philosophisch-religiöse Lebensgemeinschaft.

Die große politische und gesetzgeberische Aktivität ist ein
wichtiges Kennzeichen der Mehrheit der Sieben Weisen. Sie
wirkten als Gesetzgeber, Schiedsrichter und Schlichter in ihren
Poleis, als Magistrate oder sogar als Stadtherrscher. Doch keineswegs alle berühmten frühgriechischen Gesetzgeber, sowohl
aus dem festlandgriechischen und östlichen wie insbesondere
aus dem italisch-sizilischen Bereich, wurden umgekehrt zum
Kreis der Sieben Weisen gezählt. Prominente Beispiele sind Charondas, Zaleukos oder der Spartaner Lykurg, welche sich offenbar auf gar keiner Liste der Weisen fanden. Bei diesen Nomotheten und Thesmotheten – Rechtsetzern – fehlte offenbar die
für die Sieben Weisen typische Verkündung ihrer praktischen
Lebensphilosophie in poetischer, bevorzugt sentenzenhafter
Form.

Von den berühmten Sophisten des 5. und 4. Jh.s unterscheiden
sich die archaischen Sieben Weisen nicht alleine durch das ver-
änderte politisch-soziale Umfeld. Die Sophisten der klassischen
Epoche waren nämlich professionelle ‹Intellektuelle›, die in der
griechischen Welt herumreisten und meist außerhalb ihrer Ge-

burtsstädte wirkten, insbesondere im damaligen politischen, kulturellen und wirtschaftlichen Zentrum Athen. Wichtige Beispiele sind Gorgias aus Leontinoi, Protagoras aus Abdera, Hippias aus Elis. Diese Sophisten waren also mit der Gemeinschaft der Polisbürger als Ausländer viel weniger eng verbunden als die Sieben Weisen mit ihren Heimatpoleis. Einen Einfluß auf die Gesetzes- und die Verfassungsordnung fremder Städte konnten die Sophisten nur indirekt als Berater und Ausbilder von Bürgern nehmen. Eine Kernkompetenz der klassischen Sophisten war ferner ihre brillante rhetorische Technik. Diese *rhetorike techne* haben sie zunächst als neuartige lehr- und lernbare Disziplin entwickelt, sie dann professionell selbst vor Gericht, in politischen Versammlungen, im sozialen Diskurs, bei panhellenischen Ereignissen eingesetzt, und schließlich gegen Bezahlung andere gelehrt. Hiervon kann bei den älteren Sieben Weisen trotz eines individuellen großen Talentes zur Redekunst etwa bei Solon oder Bias keine Rede sein. Fast alle Sprüche der Sieben Weisen heben sich vielmehr durch ungekünstelte Knappheit hervor. Soweit bekannt, hat keiner der Sieben Weisen bedeutende Reden oder gar Traktate zur Rhetorik hinterlassen. Schließlich galten die Sieben Weisen (mit Ausnahme des Tyrannen Periandros im Urteil späterer Philosophen) auch allgemein aufgrund ihrer persönlichen Lebensführung als vorbildliche Menschen und Bürger. Im Gegensatz dazu haben zumindest einige Sophisten moralisch fragwürdige Positionen öffentlich vertreten und vorgelebt, welche den Konsens in den Bürgerschaften über die tradierte Bürgermoral unterminierten und beispielsweise als Verteidigung eines vermeintlichen Naturrechtes des Stärkeren interpretiert werden konnten. Solche Ideen aber widersprachen dem ‹delphischen› Ideal des Maßes in der Ethik der Sieben Weisen.

Auf den ersten Blick schon sind auch grundlegende Unterschiede der Sieben Weisen zu den Begründern der großen philosophischen Schulen der klassischen und hellenistischen Epoche Griechenlands erkennbar. Typischerweise gründeten die Sieben Weisen nämlich keine Schule mit einem festen Schulbetrieb, einem Lehrort, Doktrinen und einer Sukzession – Amtsnachfolge – von einem Schuloberhaupt und Schülern. Es sind – abgesehen von dem Grenzfall der Pythagoräer – auch keine engen Schüler der Sieben Weisen bekannt. Außerdem waren die philosophischen Schulen späterer Zeit auch durch unterschiedliche Lehrmeinungen in zentralen philosophischen Fragen deutlich unterscheidbar, durch ihre philosophischen *dogmata*. Keiner der Weisen hat aber ein umfassendes philosophisches Lehrsystem aufgebaut (wieder eventuell mit Ausnahme des Pythagoras). Schließlich haben sich jedenfalls die philosophischen Schulen der Akademie (gegründet von Platon) und des Peripatos (gegründet von Aristoteles) anders als die Sieben Weisen außer mit ethischen Fragen sehr intensiv mit weitgreifenden physikalischen und metaphysisch-ontologischen (das Sein betreffenden) Problemen befaßt. Die Weisen erstrebten jedoch nicht die Errichtung eines abstrakten philosophischen Lehrsystems, und daher verfaßten sie auch noch keine systematischen Lehrschriften. Die Ethik und politische Philosophie dominieren in ihren Sentenzen völlig, die späteren Kerndisziplinen griechischer Philosophie, die Physik, die Metaphysik, die Dialektik oder die Logik fehlen ganz oder werden völlig in den Hintergrund gedrängt. Von wenigen nichtrepräsentativen Ausnahmen abgesehen (so Peripatetiker wie Demetrios und Dikaiarchos, Stoiker wie Poseidonios), haben schulmäßige griechische Philosophen meist der *vita contemplativa*, einem der Theorie gewidmeten Leben, den eindeutigen Vorrang vor der *vita activa* gegeben, also einem der Praxis gewidmeten Leben, welches die bedeutendsten der alten Sieben Weisen gelebt hatten.

Schon vor der Epoche der Sieben Weisen Griechenlands und auch zeitgleich mit ihnen lebten in benachbarten Kulturen natürlich den Griechen bekannte Weise oder ganze soziale Gruppen von Weisen. Erinnert sei an die Magier in Persien, die Gurus und Gymnosophisten in Indien, die Propheten im Alten Israel, und die gelehrten Priester bestimmter Tempelzentren in Ägypten. Allen diesen außergriechischen Weisen fehlte aber die enge Anbindung ihres Wirkens an die polyzentrische, miteinander in der Art eines Wettstreites konkurrierende typisch griechische Poliswelt. Ohne diese politisch-soziale Umgebung bleibt das

Wirken der griechischen Sieben Weisen aber unverständlich. Trotz der engen Verbindung der Tradition über die griechischen Sieben Weisen mit der apollinischen Religion und ihren Tempel- und Orakelzentren Delphi (oder auch mit Didyma/Milet) und einiger Zeugnisse über ihre Tätigkeit auch als Seher oder in priesterlichen Funktionen sind die griechischen Sieben Weisen verglichen mit den meisten nahöstlichen oder ägyptischen Weisen eine viel stärker weltlich orientierte, ‹säkulare› Gruppe. Sie sind weniger deutlich mit einer religiösen Lehre verbunden, die ihr ganzes öffentliches Wirken prägen würde, als etwa ein Zarathustra in Persien, als die Propheten des Alten Israel, frühe Weise des Hinduismus und ägyptische Priester. Kein Weiser von der Standardliste der Sieben Weisen hat am Apollontempel zu Delphi irgendwann eine priesterliche Funktion ausgeübt.

6. Die Spruchweisheit als typische Form der Weisheit der Sieben Weisen

Die verbreitete Bewunderung der antiken Griechen für Schläue, Listenreichtum und geistige Wendigkeit seit frühesten Zeiten ist bekannt. So führte der Titan Prometheus im Mythos selbst die Götter hinters Licht. Prominente Helden des Homerischen Epos wie Odysseus, Nestor und Palamedes sind typische Vertreter dieser frühen Form der Weltweisheit, die man heute vielleicht als Cleverness bezeichnen würde. Diese unterscheidet sich jedoch von der spezifischen Weisheit der Sieben Weisen in der archaischen Epoche. Denn deren Weisheit betrifft primär allgemeine Lebensregeln und ist eine Weisheit im altruistischen – den anderen Menschen und insbesondere Mitbürgern zugewandten –, ethisch-politischen Sinne. Die nur vordergründig simple Spruchweisheit der Sieben Weisen antwortete in treffender Weise auf vielfältige Bedürfnisse ihrer Zeit von tiefgreifenden Umbrüchen und Veränderungen. Erinnert sei an ein Bündel von Schwierigkeiten für einzelne Individuen und ganze gesellschaftliche Gruppen durch die Ausbildung der Polisverfassung, die Etablierung von Tyrannisherrschaft oder die griechische Kolonisation. Alte homerische Vorbilder der Schlauheit paßten für diese turbulente neue Zeit weniger gut als neue Leitfiguren der Weisheit wie Thales, Bias oder Solon.

Die Weisheit der Sieben Weisen äußerte sich besonders in ihren Lebensregeln, griechisch *gnomai* oder *apophthegmata* bzw. lateinisch *sententiae* oder *dicta*. Die knappe Struktur dieser Sentenzen, ihre leichte Einprägsamkeit und breite Wirkung in der populären Ethik sind typische Eigenschaften dieser Form der Weisheitsliteratur. Form und Inhalt der Maximen der Sieben Weisen entsprechen sich ideal. Immer findet sich ein enger Bezug zum Alltag der Mitbürger der Weisen. Passend dazu ist auch Plutarchs (*Themistokles* 2,6) Lob der *deinotes politike* und der *drasterios synesis* der alten Weisen, ihrer politischen Befähigung und ihres auf die Praxis orientierten Verstandes. Es schälte sich im Laufe der Zeit in der Antike eine Zuordnung von besonders berühmten ‹Kernsprüchen› zu einzelnen Weisen heraus (Seiten 40–55; vgl. Althoff-Zeller 2006).

Die Maximen und praktischen Lebensregeln der Sieben Weisen zeigen übrigens auch eine enge inhaltliche und formal-stilistische Verwandtschaft zu anonymen antiken Sprichwörtern. Man könnte auch beispielsweise für fast jede der überlieferten Maximen aus dem deutschen Sprachgebrauch ein vergleichbares Sprichwort anführen. Die knappe Redeweise und die bodenständige, lebenspraktische Tendenz vieler Sentenzen der Weisen hat starke Ähnlichkeit mit der Lebensweisheit und Sprichwörtern einfacher bäuerlicher Gesellschaften. Eine Nähe vieler Maximen zu Verhaltensregeln aus Hesiods Lehrgedicht *Werke und Tage* (*Erga kai hemerai*) aus dem 7. Jh. fällt auf, das offenbar für einen bäuerlichen boiotischen Lebensraum geschrieben wurde. Aber mit Ausnahme des Myson (und in anderer Hinsicht des Skythen Anacharsis) gehören doch alle Sieben Weisen den für die archaische Epoche hoch entwickelten Poleis an: Solon, Bias, Thales oder Periandros passen gar nicht gut zum Klischee eines ‹bäuerlichen Hinterwäldlers›. Ihre Vita und viele ihrer Maximen stellen stärker als Hesiods Bauernkalender das Zusammenleben in einer Polis mit einem städtischen Zentrum in den Mittelpunkt.

In Delphi waren am Apollontempel Maximen und Regeln der Sieben Weisen als Inschriften angebracht. Nimmt man sie zusammen, so ergeben sie eine Art von delphischem Heptalog oder Hexalog – einem Vorschriftenkatalog mit sieben bzw. sechs Regeln –, der bei flüchtiger Betrachtung ein archaisch-griechisches Analogon zum jüdisch-mosaischen Dekalog – den Zehn Geboten – darstellen könnte. Allerdings ist bereits die antike Überlieferung über diese delphischen Inschriften äußerst problematisch, wie die umfangreiche Diskussion über die Interpretation vor allem von Plutarchs Traktat *Über das E in Delphi* und anderen Stellen seiner delphischen Traktate zeigt, in denen er diese Sprüche erörtert. Aber bereits wegen der fundamentalen religiösen Unterschiede zwischen dem monotheistischen Judentum und der archaischen polytheistischen griechischen Religion sind solche Vergleiche wenig hilfreich. Denn bekanntlich stammen die Zehn Gebote nach jüdischer Überlieferung durch die Offenbarung an Mose unmittelbar von Gott, während menschliche griechische Weise wie Solon oder Thales die delphischen Sprüche ohne vorherige göttliche Inspiration erfanden und sie dann dem Gott Apollon weihten. Die Zehn Gebote waren für gläubige Juden verbindliche Glaubensartikel; die Sentenzen der Weisen waren hingegen nicht verpflichtend für die Griechen als Gebote oder gar Gesetze (*nomoi, thesmoi*) für das Zusammenleben in der archaischen Polis. Doch erlauben gründliche Untersuchungen auf der Basis aller überlieferten Spruchweisheiten der Sieben Weisen durchaus interessante Rückschlüsse auf die bestehende griechische Rechts- und Sozialordnung in der archaischen Periode des späten 8. bis 6. Jh.s v. Chr. Denn die Sentenzen der Weisen greifen nicht selten damals tatsächlich bestehende ungeschriebene oder auch schriftlich fixierte Regeln beispielsweise über das Zusammenleben der Bürger in Dorfgemeinschaften und frühen Poleis auf. Viele Sentenzen betreffen das Zusammenleben in Hausgemeinschaften und Familienverbänden, religiöse Verpflichtungen gegenüber den Göttern und den Verstorbenen oder die Beziehungen zwischen Eheleuten sowie Eltern und Kindern, Freunden und Feinden, mithin zentrale Bereiche der sozialen Ordnung des archaischen Hellas.

Abgesehen von den Sentenzen galt auch das Formulieren von Rätselfragen bzw. die treffende Antwort auf Rätselaufgaben als eine typische öffentliche Demonstration der Weisheit der Sieben Weisen. Kleobulos aus Lindos (und seine vermutlich als ein Beweis und eine Folge seiner Kunst als Rätsellöser später erst erfundene Tochter Kleobuline oder Eumetis genannt, also die klug Wägende) und Bias von Priene galten als die besten Rätselsteller und Rätsellöser unter den Sieben Weisen. Die Rätselfragen und schlagfertigen Antworten, die man später einzelnen Weisen zuschrieb, dürften in ihrer Mehrzahl ursprünglich anonyme volkstümliche Rätselfragen gewesen sein, wie wir sie oft als ein typisches Element in Märchenerzählungen finden. Seit der spätklassischen und hellenistischen Zeit jedoch wurden solche Rätselfragen und Antworten ähnlich wie die Maximen der Weisen in eigenen Sammlungen zusammengetragen. Einen Großteil dieser Rätsel stellen ‹Superlativrätsel› dar vom Typ der Fragen: «Was ist das Beste, das Schönste, das Schwierigste» usw. Andere Rätsel betreffen scheinbare Paradoxa oder Adynata (Unmöglichkeiten), also vermeintlich zunächst unlösbare Rätselfragen.

Schließlich gibt es auch einige gut bezeugte Aussprüche der Sieben Weisen, die keineswegs schon beim ersten Hören verständlich sind. Vielmehr verlangen sie wegen der verkürzten oder bildlich-metaphorischen Konstruktion ihrer Formulierung vom Hörer eine nicht unbeträchtliche Mitarbeit als Rätsellöser, bevor man die Botschaft klar versteht – so etwa der Satz des Pittakos: das buntbemalte Holz sei das mächtigste. Er meinte damit das auf Holztafeln geschriebene Gesetz der Polis. Die Interpretation einiger solcher rätselhafter Worte der Weisen war bereits in der Antike umstritten, zum Beispiel die Deutung der Maxime des Chilon «Bürgschaft – und das Unheil ist nahe». Eine typische Aktivität der Sieben Weisen war ferner auch die richtige Interpretation von ihnen vorgelegten Orakelsprüchen, die nicht nur in Delphi rätselhaft formuliert waren, von Omina und von sonstigen außergewöhnlichen Ereignissen und Opferzeichen.

Die Sprüche der Sieben Weisen vermitteln eine populäre Ethik des Mittelmaßes und einfache Alltags- und Lebensregeln. Sie sind überzeitlich und auf verschiedene politisch-soziale Ordnungen anwendbar. Zentraler Bereich ist die allgemeine Lebensweisheit. Daneben ragen politisch-strategische Weisheiten insbesondere bei Solon und Pittakos hervor. Eine insgesamt geringere Anzahl von Aussprüchen betrifft naturphilosophische Probleme (Thales) oder divinatorische – die Zukunft voraussagende – Weisheit (Chilon). Ist auch die Weisheit der Sieben Weisen im Kern altruistisch und sozial eingebunden in die Strukturen der archaischen griechischen Gesellschaft, so schließt dies doch nicht aus, daß einige Weise privat und individuell vor allem als Kaufleute ökonomisch recht erfolgreich sein konnten wie Thales oder Solon.

Drei typische Eigenheiten verbinden also die Weisen: Sie waren meist auch Dichter, spielten eine aktive und in ihren Poleis deutlich sichtbare politisch-soziale Rolle und waren im Sinne der modernen Kulturwissenschaft und sozialen Anthropologie alle «performers». Eine Performance wird dabei in diesen Disziplinen definiert als ein öffentliches Auftreten in wichtigen Angelegenheiten mit Worten oder Gesten im Rahmen bestimmter Konventionen und zudem offen für Reaktionen und Kritik des Publikums (Martin 1993). Häufig treten die Weisen nämlich in einem ritualisierten öffentlichen Kontext auf als Ratgeber, Rätsellöser, Richter oder Seher. Dabei ist außerdem zu bedenken, daß der soziale Kontext griechischer öffentlicher Rede stark durch den Wettstreit von Rede und Gegenrede geprägt war, wie wir bereits an den Streitgesprächen und Beratungsreden in den Homerischen Epen erkennen können. Die Entstehung der Tradition der Sieben Weisen verlangt bereits an sich strukturell mehrere Weise. Die Weisen versuchten immer, andere Bürger oder insbesonders andere Weise in ihrer Weisheit zu übertreffen. Wegen dieses agonistischen Aspektes wurde dann auch die Geschichte von ihrem Wettstreit um den Preis der Weisheit die berühmteste antike Geschichte, die sich mit den Sieben Weisen verband. An zweiter Stelle folgte konsequenterweise die Tradition über das ähnlich agonistische Symposion der Sieben Weisen.

7. Aspekte der nachantiken Rezeption
der Sieben Weisen

Die Überlieferungen über die Sieben Weisen bleiben in der Spätantike und im frühen Mittelalter ein wichtiges und beliebtes Thema in der Literatur und ein Teil der höheren Bildung (Ott 2002, 1836). Ein spätantikes gutes Beispiel bietet Sidonius Apollinaris' viel gelesenes *Epithalamium* (Hochzeitsgedicht) für den Philosophen Polemius, in dem er die berühmten Sentenzen der Weisen behandelt, oder der *Panegyricus* (Lobgedicht) auf Anthemius (Sidonius Apollinaris *Carmina* 2,156–165; 15,42–50). Erinnert sei auch an den *Ludus septem sapientium* (Das Spiel der Sieben Weisen), der dem aus Bordeaux stammenden lateinischen Autor Ausonius aus dem 4. Jh. zugeschrieben wurde. In iambischen Senaren, also in poetischer Sprachform, stellen sich die Sieben Weisen in diesem Werk auf eine oft unterhaltsame Art dem Leser selbst vor.

Dazu kamen die mittelalterlichen lateinischen und byzantinisch griechischen Sammlungen von Sinnsprüchen (*sententiae/ dicta; gnomologiai*), aus denen einige bereits von den Sieben Weisen stammen. Solche Sammlungen spielten in der Schulbildung und für die Fächer des Triviums (Grammatik, Rhetorik, Dialektik) unter den sieben Fächern der *Septem artes liberales* (zuzüglich des Quadriviums mit der Arithmetik, Geometrie, Musik und Astronomie) eine wichtige Rolle. Dies gilt für die lateinische Sammlung der *Dicta (Disticha) Catonis* mit angeblichen Spruchweisheiten des alten Cato aus dem 3. Jh. n. Chr. und ihre späteren Bearbeitungen, für den *Liber sententiarum* (das Buch der Sprüche) des Prosper von Aquitanien, eines Autors und Heiligen des frühen 5. Jh., oder die viel gelesenen *Sententiarum libri tres* (Drei Bücher der Lebensweisheiten) des Isidor von Sevilla im späten 6. und frühen 7. Jh. In der karolingischen Zeit könnte man unter anderem auf Alkuins *Praecepta*

vivendi (Lebensregeln) verweisen. Im lateinisch geprägten westlichen hohen und späten Mittelalter knüpfte man nach den An-
sätzen in der karolingischen Renaissance seit dem 12. Jh. wieder
verstärkt an die antiken Traditionen auch über die Sieben Weisen an. Nun galten die Sieben Weisen besonders in enzyklopä-
dischen oder moralisierenden Werken als Präzeptoren mora-
lisch-politischer Prinzipien, die für die Antike wie das christliche
Mittelalter gleichermaßen als allgemein und überzeitlich gültig
angesehen wurden. Vereinzelte Spuren der Kenntnis des Kanons
der Sieben Weisen und ihrer Herkunftsorte sind in vielen Werken zu belegen. Ein besonders interessantes, epochentypisches
Beispiel ist die gelehrte Satire *Archithrenius* des Johannes von
Hauvilla im 12. Jh. Im 7. und 8. Buch dieses Werkes halten die
alten Weisen jeweils eine Rede und raten zu Gegenmitteln gegen
bedeutende Laster der Zeit in der Kirche, am Hofe und in den
Schulen, so beispielsweise gegen Geld- und Machtgier, Hoffart,
Völlerei und andere Ausschweifungen.

   In der byzantinischen Bildungstradition blieben die Sieben
Weisen kontinuierlich von der Begründung Konstantinopels
(324 bzw. 330) bis zur Eroberung der Stadt durch die Osmanen
1453 präsent. Abgesehen von den weiterhin im Schulunterricht
viel gelesenen antiken griechischen literarischen Werken, in denen ihr Wirken und ihre Aussprüche beschrieben wurden – dabei rückte Diogenes Laertios in eine wichtige Vermittlerstel-
lung –, spielten mehrere größere Sammlungen der Lebensweisheiten und Aussprüche der Weisen in Byzanz eine entscheidende
Rolle, die sich über spätantike Zwischenstufen bereits auf die
frühhellenistischen Sammlungen unter anderem des Demetrios
von Phaleron im späten 4. Jh. v. Chr. zurückführen lassen.

   Man bildete die Sieben Weisen auch im Mittelalter zuweilen
in Kirchenbauten ab, teils zusammen mit alttestamentarischen
Propheten oder antiken Sibyllenfiguren. Stets werden dabei jene
Weisen aus dem am weitesten verbreiteten Kanon der Antike
dargestellt – also Bias, Chilon, Kleobulos, Periandros, Pittakos,
Solon und Thales. Die Identität der einzelnen Weisen wird im
Mittelalter gerne durch Spruchbänder oder Namensinschriften
bezeichnet. Abgesehen von einer Minderheit gebildeter Kleriker,

die ihr Wissen aus den antiken lateinischen Autoren bezogen, dürften damals die meisten Betrachter solcher Abbildungen mit den griechischen Weisen der alten Zeit jedoch kaum mehr etwas Spezifisches verbunden haben. Ein wichtiges Beispiel der bildlichen ‹Integration› der Sieben Weisen in einen kirchlichen Kontext befindet sich in Deutschland in einem Vorraum der Krypta von St. Ludgeri in Helmstedt (ca. 1150) (Abb. 10, S. 115). Die Fragmente eines farbig inkrustierten Estrichgipsfußbodens, die aus dem Mittelschiff der Klosterkirche des Heiligen Ludger in Helmstedt stammen, gehören zu den bemerkenswertesten Zeugnissen der sogenannten Renaissance des 12. Jh.s in den sächsischen Benediktinerklöstern. Heute sind leider nur mehr zwei größere kohärente Flächen zusammensetzbar. Ursprünglich waren die Sieben Weisen im Fußboden am Ende des Weges durch das Mittelschiff vor dem erhöhten Chor dargestellt: Pittakos und Solon, Bias und Periandros erschienen an den Flügelabschnitten, im Zentrum standen Thales (als *primus inter pares*), sowie Kleobulos und Chilon. Diese bildeten ein Dialogpaar, das sich durch Schriftbänder jeweils Rede und Antwort stand. Auffällig ist die zentrale Position dieser Abbildung in der Kirche. Vom Spätmittelalter bis in die frühe Neuzeit findet man die Sieben Weisen auch manchmal als Kapitellfiguren und als ikonographische Chiffren für die politische Weisheit an Regierungspalästen oder Rathäusern, so beispielsweise am Dogenpalast zu Venedig. Auch einige entsprechende Abbildungen in der mittelalterlichen Buchmalerei und in Manuskripten sind bekannt.

Abgesehen von der Äußerlichkeit der symbolischen Zahl Sieben besteht dagegen keine Verbindung zwischen den Traditionen über die Sieben Weisen und den Sieben Freien Künsten, *septem artes liberales*, und ihren Personifikationen im Mittelalter. Ebenfalls klar von den alten Berichten über die altgriechischen Sieben Weisen zu trennen ist die im Lateinischen und ebenso in vielen Nationalsprachen im Mittelalter verbreitete «Geschichte der Sieben Weisen» oder *Historia septem sapientium*. Dies ist ein auf persisch-arabische Wurzeln zurückgehender Geschichtenzyklus, in dem sieben Weise mit ihren Erzählungen die drohende Hinrichtung eines Königssohnes bis zu dessen schließlicher Errettung verzögern. Wenn überhaupt etwas, dann gehen lediglich die Siebenzahl und das Motiv der Weisen als Erzähler auf die griechischen Weisen zurück.

8. Antike Abbildungen der Sieben Weisen: Statuen, Portrait-Hermen, Wandgemälde, Mosaiken

Aus der Antike sind Darstellungen sowohl der Sieben Weisen als Gruppe als auch von einzelnen Weisen in verschiedenen Kunstgattungen bezeugt und in einigen Beispielen auch bis heute noch erhalten. Die Weisen wurden dargestellt in Portraitstatuen, in Bildnisköpfen, als Kopfbilder auf Hermenpfeilern (als Einzelbildnis oder in Paaren, teils mit Namensbeischriften und Kernsprüchen), als Gemälde auf Wandfresken und nicht zuletzt auf Mosaikbildern. Dabei sind die Abbildungen aller Sieben Weisen in einer Gruppe seltener als diejenigen einzelner Weiser oder einiger Personen von ihnen. Von allen Weisen sind Bildnisse erhalten. Doch die ikonographische Auswertung vieler Abbildungen bereitet Probleme, und die Sicherung der Zuordnungen zu bestimmten Weisen ist oft nicht leicht. Es zeigt sich, daß sich für die Sieben Weisen offenbar keine feste antike individuelle Ikonographie ausgebildet hat, durch die ihre Abbildungen auch ohne erklärende Namensbeischriften oder Sprüche sicher bestimmbar wären. Daher muß jede einzelne antike Siebenergruppe von Männern in verschiedenen Kunstgattungen daraufhin kritisch geprüft werden, ob es tatsächlich die Sieben Weisen sein sollen oder eine Versammlung von sieben anderen Philosophen oder Literaten. Bei Einzelportraits wird man meistens über einen bestimmten Grad der Wahrscheinlichkeit in der Namensbestimmung nicht hinausgelangen.

In aller gebotenen Kürze möchte ich hier zunächst einige markante Beispiele für Darstellungen der gesamten Gruppe der Sieben Weisen erwähnen. Im Athen des 4. Jh.s waren als Leitbilder bürgerlicher Tugenden bereits Büsten für die Mitglieder des Kreises der Sieben Weisen aufgestellt worden, wie ein Epigramm in der *Anthologia Graeca* belegt (16,332). Die Weisen der alten

Zeit wurden dort bereits wie Bürger aus dem 5. bis 4. Jh. dargestellt. Selbst der Tyrann Periandros wurde dabei zu einem Vorbild bürgerlicher Weisheit in Athen stilisiert. Erhalten sind davon jedoch nur Kopfrepliken von den Statuen des Periandros, Bias und Pittakos von Mytilene (Richter 1965, Vol. I, 81 ff, Brommer 1973, von Heintze 1977 a und 1977 b). Solon, der seinen Landsleuten im 4. Jh. als einer der Begründer der athenischen Demokratie galt, war allerdings schon zuvor mehrfach in vorbildlicher Bürgerhaltung in seiner Heimatstadt dargestellt worden.

Ein weiteres schönes Beispiel für die bildliche Dartellung der gesamten Gruppe der Sieben Weisen bilden sechs Bildnishermen des 2. Jh.s n. Chr. aus einer Villa bei Tivoli in Italien, bei denen heute lediglich Chilon als siebter Weiser fehlt. Jeweils liest man auf den Hermen die Namensbeischrift und einen Kernspruch des Weisen, aber es sind lediglich von zwei Hermen des Bias und des Periandros die Pfeiler zusammen mit den Köpfen unversehrt erhalten geblieben, von den übrigen leider nur jeweils die Hermenpfeiler ohne die Köpfe. Die Köpfe sind außerdem, wie es damals üblich war, nicht individualisiert oder gar realistisch gebildet, sondern sie stellen lediglich den allgemeinen Typus des Weisen dar.

Die Sieben Weisen waren auch ein beliebtes Motiv der Mosaikkunst. Ein bekanntes Beispiel bietet ein Mosaik des 4. Jh.s n. Chr. aus Baalbek in Syrien (Abb. 1). Es zeigt in einem Kreisrund die Sieben Weisen (Solon, Thales, Bias, Kleobulos, Periandros, Pittakos und Chilon) sowie Sokrates als Brustbilder und in der Mitte die Muse Kalliope. Diese war zuständig für epische und elegische Dichtung. Wiederum sind die Weisen hier als individuell kaum voneinander unterscheidbare Greise mit Bärten, also als typische Philosophen, dargestellt. Die Sieben Weisen als Sujet einer aufwendigen Mosaikgestaltung belegen, welch hohes Prestige die Philosophie im allgemeinen und die Maximen der Sieben Weisen auch noch in einem spätantiken und provinziellen Kontext in Syrien genossen.

Ästhetisch besonders anspruchsvoll sind meines Erachtens ferner ein Mosaik aus Sarsina in Umbrien, heute in der Villa

I   Mosaik mit Philosophengruppe aus Baalbek

2   Mosaik mit Philosophengruppe aus Neapel

3 Mosaik mit Philosophengruppe aus Sarsina

4   Einzelherme Periandros   5   Einzelherme Bias

Albani in Rom (Abb. 3), und das sogenannte Philosophenmosaik aus der Umgebung von Pompeji, heute im Nationalmuseum von Neapel (Abb. 2): Man sieht auf beiden Mosaiken die Sieben Weisen als Gruppe im gemeinsamen Gespräch in freier Natur. Die Abbildung der Weisen stellt sozusagen die bildliche Umsetzung des gleichen beliebten Themas dar, das Plutarch in seinem *Symposion* der Sieben Weisen literarisch verarbeitet hat – also ein Treffen aller Weisen, vertieft in philosophische Unterhaltungen. Die Weisen blicken auf einen Kugelkörper am Boden in ihrer Mitte. Dies könnte ein früher Globus sein, ein Symbol für den Kosmos oder einfach eine Kugel als ein perfekter geometrischer Körper. Vorbilder beider Mosaiken waren entweder Portraitköpfe des 4. Jh.s v. Chr. (von Heintze 1977b) oder ein hellenistisches Gemälde (Andreae). Bei keiner der Figuren auf beiden Mosaiken findet sich jedoch eine Namensbeischrift, die den Bezug der Szene auf die Sieben Weisen erst eindeutig machen würde. Daher sind beide Abbildungen zwar meist auf die Sieben Weisen bezogen worden, doch auch eine andere Siebenergruppe weiser Männer – etwa aus einer bestimmten oder aus mehreren griechischen Philosophenschulen – könnte dargestellt sein. Siebenergruppen wurden ja in der literarischen wie der bildlichen Überlieferung der Antike für jegliche Art von Intellektuellen und Autoren gern gewählt. Man denke an die ‹Pleiade› der alexandrinischen Dichter, das Siebengestirn der Tragiker, die sieben Gesprächspartner im *Symposion* Platons und im *Protagoras* und dann in der biographischen und ikonographischen Tradition vor allem an das umfangreiche Werk der *Hebdomades* des spätrepublikanischen römischen Universalgelehrten Marcus Terentius Varro im 1. Jh. v. Chr. Er behandelte darin biographisch 700 Portraits von wichtigen Griechen und Römern aus verschiedenen Lebensbereichen und fügte seiner Darstellung Abbildungen bei – wohl auch solche der Sieben Weisen. Varro hatte seinem Werk ferner theoretische Ausführungen über die Siebenzahl beigegeben (Gellius, *Noctes Atticae* 3,10), die leider nur unvollständig erhalten sind.

Auf dem Mosaik im Museum von Neapel (Abb. 2) sind die Gesichter der Philosophen, gemessen am üblichen Niveau der

damaligen Mosaikkunst, recht individuell dargestellt, aber dennoch bleibt es auch in diesem Falle fraglich, ob hier individuelle
Portraitgenauigkeit angestrebt wurde. Eher dürfte es doch wiederum bei typischen Philosophenbildern bleiben. Die Archäologin von Heintze meinte, Bias und Thales seien eventuell in der
Gruppe erkennbar, ihr Kollege Andreae vermutete, die Figur
links auf dem Mosaik mit einem Diadem trage ein Zeichen der
königlichen Herrschaft, und daher sei es wohl Periandros von
Korinth. Aber dieser Weise war bekanntlich kein König, selbst
wenn ihn hier ein hellenistisches Königsdiadem als Herrschafts-
zeichen schmücken sollte, sondern eben ein Tyrann des 6. Jh.s.
Da auf einem Mosaik der Philosophen aus der antiken Dioecesis
Macedonia (heute bei Nerodimlje/Kosovo) etwa aus dem 6. Jh.
auch Namensbeischriften zu lesen sind, ist der Bezug zu den Sieben Weisen hier ausnahmsweise einmal eindeutig. Auf diesem
spätantiken bzw. frühbyzantinischen Villenmosaik wird auch
typische Spruchweisheit der Weisen zitiert. Ähnliche Beischriften stehen ferner auf einem Philosophenmosaik aus Mérida. Die
Philosophen der archaischen Epoche werden meistens in allen
Bildgattungen stereotyp als alte Männer mit Bärten dargestellt.
Abweichungen und bartlose Darstellungen sind selten, kommen
aber auch vor, so etwa auf Wandbildern in Ostia Thales ohne
Bart bzw. Kleobulos auf dem Philosophenmosaik des Römisch-
Germanischen Museums in Köln.

  Auch Abbildungen der Gruppe der Weisen auf Sarkophagen
lassen sich in diesem Zusammenhang anführen: Hierzu erwäh-
ne ich exemplarisch den sogenannten Musen-Weisen-Sarkophag
im Museo Torlonia (Rom) aus dem 3. Jh. n. Chr. (Abb. 8a/b):
Der prachtvolle Sarkophag zeigt einen Fries, in dessen Mitte ein
Paar im Bildschema des Mannes als lesenden Philosophen und
der ihm zuhörenden Frau als einer Muse hervorgehoben werden. Das Paar wird angemessen von acht Musen und sechs Philosophen begleitet. Rechnet man also den Mann und die Frau
selbst noch hinzu, so werden die vollständigen Zahlen von
Neun Musen und Sieben Weisen erreicht. Die Verstorbenen
werden also ikonographisch in die Musen und Weisen einge-
reiht. Einmal mehr sind die Philosophen auf dem Sarkophag

6 Doppelherme Thales und Bias

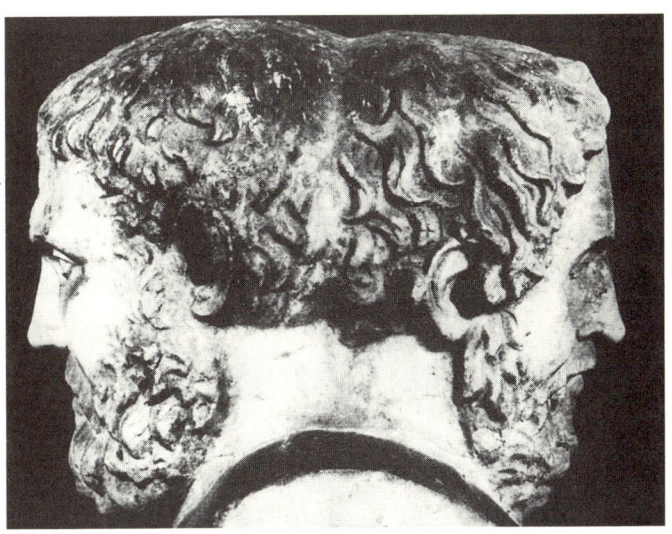

7 Doppelherme Periandros und Solon

8a   Musen-Weisen-Sarkophag, Museo Torlonia, Rom

8b   Detail des Sarkophags

nicht individuell physiognomisch differenziert oder durch eindeutige Attribute gekennzeichnet. Der Archäologe Ewald weist darauf hin, daß mehrere der Philosophen durch ihre Tracht und Attribute (insbesondere den Stock und den Philosophenruck-sack/*pera*) offenbar als Kyniker erkennbar seien. Dies wäre aber für den Kreis der archaischen Sieben Weisen eigentlich deshalb unpassend, weil es in der Standardliste der Weisen keinen Kyniker gab. Vielleicht sollen also nur typische kynische Philosophen gezeigt werden, oder es ist zwar tatsächlich eine Darstellung der Sieben Weisen intendiert, aber einige Weise werden in der anachronistischen, späteren kynischen Tracht der Wanderphilosophen gezeigt, die dem 3. Jahrhundert n. Chr. als der Entstehungszeit des Sarkophages bestens vertraut war.

Die Bekanntheit der Sieben Weisen und ihrer Sentenzen war in der Kaiserzeit so hoch, daß man auch bereits drastische und obszöne Parodien auf sie finden kann. In Ostia wurde eine Taverne (*caupona*) aus der Zeit um 100 n. Chr. mit einem interessanten Bildprogramm an den Wänden ausgegraben. In der mittleren Ebene der Wandmalereien finden sich großfigurige Abbildungen der Sieben Weisen als sitzende Philosophen (Abb. 9, S. 115). Gut erhalten sind davon Solon, Thales und Chilon, die auch jeweils durch griechische Beischriften sicher identifiziert werden. Über den Abbildungen finden sich lateinische skatologische (fäkalsprachliche) Sprüche, die diesen Weisen obszöne Sätze statt der bekannten ethischen Spruchweisheiten zuschreiben und das Gelächter der Kneipenbesucher hervorrufen sollten. Bei Solon steht etwa der tiefsinnige Satz *Ut bene cacaret ventrem palpavit Solon* («Um gut zu scheißen, rieb sich Solon seinen Bauch»). Thales rät dem Betrachter *Durum cacantes monuit ut nitant* («Leute mit Verstopfung sollten sich kräftig anstrengen beim Scheißen»). Chilon schließlich wird gelobt: *Vissire tacite Chilon docuit subdolus* («Der schlaue Chilon lehrte zu furzen, ohne dabei Lärm zu machen»). Die meisten Kunden der einfachen Kneipe in Ostia waren vermutlich Hafenarbeiter, Seeleute, Freigelassene und Sklaven. Wir erfahren hier ausnahmsweise einmal etwas über die Unterschichtenrezeption der Sieben Weisen und ihrer Sentenzen im Römischen Reich –

denn die Witze in den Graffiti der Kneipe konnten natürlich nur dann funktionieren, wenn auch Menschen aus einfachen Kreisen ohne höhere philosophische Bildung irgendetwas über diese berühmten alten Weisen und die ihnen eigentlich zugewiesenen ethischen Maximen wußten.

Darstellungen einzelner Weiser oder von zwei Weisen zusammen (vgl. Abb. 4–7) kommen in allen antiken Kunstgattungen häufiger vor als solche der gesamten Gruppe von Sieben Weisen. Vermutlich wurden den Weisen in ihren jeweiligen Heimatpoleis bereits seit dem 4. Jh. Bildnisstatuen und Portrait-Hermen errichtet. Nachgewiesen ist dies sicher für Solon in Athen (nach Aischines *Rede gegen Timarchos* 1,25 in Salamis und nach Pausanias 1,16,1 bei der Stoa Poikile in Athen selbst) oder für Bias in Priene, der übrigens auch auf Münzbildern seiner Heimatstadt abgebildet wurde. Diogenes Laertios nennt ferner (1,34) beispielsweise eine Statue des Thales und (1,73) eine Statue des Chilon.

Von Bias sind zwei sichere Bildnisse auf Hermen mit Namenszug überliefert, möglicherweise ein drittes, dazu ein Münzbild auf Münzen Prienes, das Wandbild in Ostia sowie Mosaikdarstellungen. Für Chilon sind Statuen bezeugt, und wir kennen Abbildungen auf Wandbildern und Mosaiken. Vier gesicherte Portaits des Periandros auf Hermen sind erhalten, weitere Zuweisungen bleiben zweifelhaft. Auch mindestens vier Versionen eines gut gesicherten Bildnisses des Pittakos sind auf Hermen erhalten. Wie bereits erwähnt, existieren von ihm noch Mosaikabbildungen; und eventuell zeigt auch ein Münzbild aus Mytilene den Pittakos. Von Kleobulos sind leider nur Hermenpfeiler mit Inschrift, aber ohne zugehörigen Kopf erhalten, während die Mosaikbilder weitgehend ohne ikonographischen Wert bleiben. Auch in Solons Fall geht die Diskussion um die Zuweisung bestimmter Bildhermen weiter, während Abbildungen auf dem Wandgemälde in Ostia oder auf Mosaiken lediglich Typenbilder sind. Vier Hermen sind erhalten mit antiken Aufschriften des Namens Solon, aber alle ohne den zugehörigen originalen Kopf. Ebenfalls gibt es kein gesichertes authentisches Bildnis des Thales. Allerdings plädierte die Archäologin von Heintze

9 Spottbild und Vers
auf den Weisen Solon,
Ostia

10 Schmuckfußboden in St. Ludgeri, Helmstedt

dafür, einen Portraitkopf in Privatbesitz als spätere Kopie eines
Bildnisses des Thales aus dem 4. Jahrhundert zu deuten. Dann
wären auf einer Doppelherme in der Galleria geographica des
Vatikanischen Museums ihrer Meinung nach Bias und Thales,
die Weisen aus den beiden ionischen Nachbarstädten Milet und
Priene, abgebildet, nicht aber Bias und Solon, wie früher häufiger vorgeschlagen wurde.

Die Vorbilder aller erhaltenen kaiserzeitlichen Bildnisse dürften frühestens aus dem 4. Jh. v. Chr. stammen. Doch alle erhaltenen einzelnen Abbildungen der Sieben Weisen (Richter 1965,
81 ff, Brommer 1973, von Heintze 1977 a und 1977 b) sind, zu-
sammenfassend gesagt, erst Jahrhunderte nach der angenom-
menen Lebenszeit der Weisen im späten 7. und 6. Jh. v. Chr. entstanden. Für die Vorstellung vom individuellen Aussehen der
Philosophen sind diese späten Darstellungen leider ikonographisch beinahe wertlos. Sie repräsentieren vielmehr die Ideal-
vorstellung von einem griechischen Weisen, welche sich seit dem
4. Jh. v. Chr. ausbildete und bis in die Spätantike ohne den An-
spruch auf individuelle Authentizität tradiert wurde. So müssen
wir uns weitgehend mit den Sprachdenkmälern der Sieben Weisen begnügen, welche als ihr wichtigstes Erbe die Zeiten bis in
unsere Tage überdauert haben.

Literaturverzeichnis

* Die Abkürzungen der Periodika folgen der L'Année philologique. RE = Pauly Wissowa Realencyclopädie der classischen Altertumswissenschaft. DNP = Der Neue Pauly.

Wichtige antike Autoren und Quellensammlungen über Leben, Wirken und Aussprüche der Sieben Weisen:

J. Althoff – D. Zeller (Ed.), Die Worte der Sieben Weisen, Darmstadt 2006.

O. Apelt – K. Reich, Diogenes Laertios. Leben und Meinungen berühmter Philosophen, Hamburg 1967².

A. Bernabé, Orphicorum et Orphicis similium testimonia et fragmenta, München 2004.

J. Bollansée, Hermippos of Smyrna, in: G. Schepens (Ed.), Die Fragmente der griechischen Historiker Continued. Part Four: Biography and Antiquarian Literature, IV A: Biography, Fascicle 3, Leiden – Boston – Köln 1999 (= Bollansée 1999a).

J. Defradas, Le banquet des sept sages, in: J. Defradas – J. Hani, Plutarque Œuvres Morales II, Paris 1985, 167–237.

H. Diels – W. Kranz, Die Fragmente der Vorsokratiker, Berlin 1951–1952⁶.

J. Feix, Herodot Historien. Griechisch – Deutsch, München 1977².

W. W. Fortenbaugh (Ed.), Theophrastus of Eresus. Sources for his Life, Writings, Thought and Influence, Leiden 1992.

W. W. Fortenbaugh – E. Schütrumpf (Ed.), Dicaearchus of Messana, Text, Translation, and Discussion, New Brunswick – London 2001.

M. L. Gemelli – Marciano, Die Vorsokratiker, Griechisch – Latein – Deutsch, Düsseldorf 2007–2009.

B. Gentili – C. Prato, Poetarum Elegiacorum Testimonia et Fragmenta, Vol. I, Leipzig 1988².

G. Giannantoni, Socratis et socraticorum reliquiae, Napoli 1990.

M. Gigante, Frammenti di Ippoboto. Contributo alla storia della storiografia filosofica, in: A. Mastrocinque (Ed.), Omaggio a Piero Treves, Padova 1983, 151–193.

K. S. Guthrie (Ed.), The Pythagorean Sourcebook and Library, Grand Rapids, Mich. 1987.

F. Jacoby, Die Fragmente der griechischen Historiker, Teile I–IIIC, Berlin – Leiden 1923–1958 (= FGrHist).

R. Kassel – C. Austin, Poetae Comici Graeci (PCG), Vol. I: Comoedia dorica, mimi, phylaces, Berlin – New York 2001 (= PCG).

G. S. Kirk – J. E. Raven – M. Schofield, Die vorsokratischen Philosophen. Einführung, Texte und Kommentare, Stuttgart – Weimar 1994 (orig. Cambridge 1957).

P. Koetschau, Origines Werke. 1. Band: Die Schrift vom Martyrium, Buch I–IV gegen Celsus, Leipzig 1899.

E. Lobel – D. L. Page, Poetarum Lesbiorum Fragmenta, Oxford 1955.

M. Marcovich, Diogenes Laertius. Vitae philosophorum, Bde. I–II, Stuttgart – Leipzig 1999, und Band III Indices (H. Gärtner), München – Leipzig 2002.

A. Martina, Solon, Testimonia veterum, Rom 1968.

D. L. Page, Poetae Melici Graeci, Oxford 1962.

L. Robert, De Delphes à l'Oxus. Inscriptions grecques nouvelles de la Bactriane, in: CRAI 1968, 416–457.

V. Rose, Aristotelis qui ferebantur librorum fragmenta, Leipzig 1886.

W. D. Ross, Aristotelis fragmenta selecta, Oxford 1955 (ND 1987).

E. Ruschenbusch, Solonos Nomoi. Die Fragmente des solonischen Gesetzeswerkes mit einer Text- und Überlieferungsgeschichte, Wiesbaden 1966 (ND 1983).

G. Schepens – J. Bollansée – J. Engels – E. Theys, Felix Jacoby Die Fragmente der griechischen Historiker Continued. Part Four: Biography and Antiquarian Literature. IV A Fascicle 1: The Pre-Hellenistic Period, Leiden – Boston – Köln 1998. (= FGrHist IV A1)

E. Schwertheim, Die Inschriften von Kyzikos und Umgebung, Bd. 2, Bonn 1983 (= IvK 26).

O. Stählin, Clemens Alexandrinus. 2. Band Stromata Buch I–VI, Leipzig 1906.

H. Thesleff, The Pythagorean Texts of the Hellenistic Period, Åbo 1965.

M. Timpanaro Cardini, Pitagorici: Testimonianze e frammenti, 3 Bde., Florenz 1958–1964.

M. Tziatzi-Papagianni, Die Sprüche der Sieben Weisen. Zwei byzantinische Sammlungen. Einleitung, Texte, Testimonien und Kommentar, Stuttgart – Leipzig 1994.

C. Wachsmuth – O. Hense, Ioannis Stobaei Anthologium, 4 Bde., Berlin 1884–1912 (repr. Berlin 1958).

F. Wehrli, Die Schule des Aristoteles. Texte und Kommentar. Heft I: Dikaiarchos, Basel – Stuttgart 1967² (= SdA I).

F. Wehrli, Die Schule des Aristoteles. Texte und Kommentar. Heft II: Aristoxenos, Basel – Stuttgart 1967² (= SdA II).

F. Wehrli, Die Schule des Aristoteles. Texte und Kommentar. Heft III: Klearchos von Soloi, Basel – Stuttgart 1969² (= SdA III).

F. Wehrli, Die Schule des Aristoteles. Texte und Kommentar. Heft IV: Demetrios von Phaleron, Basel – Stuttgart 1968² (= SdA IV).

F. Wehrli, Die Schule des Aristoteles. Texte und Kommentar. Heft VII: Herakleides Pontikos, Basel – Stuttgart 1969² (= SdA VII).

F. Wehrli, Die Schule des Aristoteles. Texte und Kommentar. Heft IX:

Phainias von Eresos, Chamaileon, Praxiphanes, Basel – Stuttgart 1969[2] (= SdA IX).

F. Wehrli, Die Schule des Aristoteles. Texte und Kommentar. Supplementband I. Hermippos der Kallimacheer, Basel – Stuttgart 1974.

M. L. West, Iambi et elegi graeci ante Alexandrum cantati, Oxford 1972 (1998[2]).

Allgemeine Studien über die Sieben Weisen und ihre Spruchweisheit

D. E. Aune, Septem Sapientium Convivium (Moralia 146 B–164 D), in: H. D. Betz (Ed.), Plutarch's Ethical Writings and Early Christian Literature, Leiden 1978, 51–105.

O. Barkowski, Sieben Weise, RE II A 2, 1923, 2242–2264.

J. Barnes, The Presocratic Philosophers, Vol. 1, London 1979.

A. Bernabé, Los filósofos presocráticos como autores literarios, Emerita 47, 1979, 357–394.

J. Bollansée, Fact and Fiction, Falsehood and Truth. D. Fehling and Ancient Legendry about the Seven Sages, MH 56, 1999, 65–75 (= Bollansée 1999b).

A. Busine, Le Sept Sages de la Grèce antique. Transmission et utilisation d'un patrimonie légendaire d'Hérodote à Plutarque, Paris 2002.

T. Dorandi, Laertiana. Capitoli sulla tradizione manoscritta e sulla storia del testo delle «Vite dei filosofi» di Diogene Laerzio, Berlin – New York 2009.

J. Engels, Philosophen in Reihen – Die *Philosophon anagraphe* des Hippobotos, in: M. Erler – S. Schorn (Ed.), Die griechische Biographie in hellenistischer Zeit, Berlin – New York 2007, 173–194.

D. Fehling, Die Sieben Weisen und die frühgriechische Chronologie. Eine traditionsgeschichtliche Studie, Bern u. a. 1985.

H. Gärtner, Die Sieben Weisen, Der Kleine Pauly (KlP) 5, 1979 (orig. 1975), 177–178.

M. Gigante, Biografia e dossografia in Diogene Laerzio, Elenchos VII, 1986, 7–102.

R. Goulet – P. Hadot (Ed.), Dictionnaire des philosophes antiques, Vol. 1: Abam(m)on à Axiothéa, Paris 1989; Vol. 2: Babélyca d'Argos à Dyscolius, Paris 1994, Vol. 3: D'Eccélos à Juvénal, Paris 2000, Vol. 4: De Labeo à Ovidius, Paris 2005, Supplement vol., Paris 2003.

W. K. C. Guthrie, A History of Greek Philosophy, Vol. 1–6, Cambridge u. a. 1962–1981, Vol. I: The Earlier Presocratics and the Pythagoreans, Cambridge 1962; Vol. II: The Presocratic Tradition from Parmenides to Democritus, Cambridge 1965 (repr. 1987).

R. Hope, The Book of Diogenes Laertius. Its Spirit and Its Method, New York 1930.

S. Jedrkiewicz, Il convitato sullo sgabello: Plutarco, Esopo ed i Sette Savi, Rom – Pisa 1997.

C. P. Jones, Plutarch and Rome, Oxford 1971.

W. von Kienle, Die Berichte über die Sukzessionen der Philosophen in der hellenistischen und spätantiken Literatur, Berlin 1961.

M. L. Lefkowitz, The Lives of the Greek Poets, London 1981.

F. Leo, Die griechisch-römische Biographie nach ihrer litterarischen Form, Leipzig 1901.

B. Manuwald, Platon Protagoras. Eingeleitet, übersetzt und erläutert, Göttingen 2006.

R. P. Martin, The Seven Sages as Performers of Wisdom, in: C. Dougherty – L. Kuhrke (Ed.), Cultural Poetics in Archaic Greece, Cambridge 1993, 108–128.

J. Mejer, Diogenes Laertius and His Hellenistic Background, Wiesbaden 1978.

J. Mejer, Diogène Laërce, in: R. Goulet (Ed.), Dictionnaire des philosophes antiques, Vol. 2, Paris 1994, 824–833.

A. Momigliano, The Development of Greek Biography, Cambridge, Mass. 1993.

A. A. Mosshammer, The Epoch of the Seven Sages, California Studies in Classical Antiquity 9, 1976, 165–180.

J. Mossman, Plutarch's Dinner of the Seven Wise Men and Its Place in Symposion Literature, in: J. Mossman (Ed.), Plutarch and His Intellectual World, London 1997, 119–140.

N. H. Ott, Sieben Weise, Lexikon des Mittelalters (LdMA) 7, 2002, 1836.

C. B. R. Pelling (et al.), Plutarchos 2, DNP 9, 2000, 1159–1175.

W. Rösler, Die Sieben Weisen, in: A. Assmann (Ed.) Weisheit, München 1991, 357–365.

D. T. Runia, Diogenes (17) Laertios, DNP 3, 1997, 601–603.

D. A. Russell, Plutarch, London – New York 1973.

B. Snell, Leben und Meinungen der Sieben Weisen, München 1938 = 1971[4].

S. A. White, Principes Sapientiae: Dicaearchus' Biography of Philosophy, in: W. W. Fortenbaugh – E. Schütrumpf (Ed.), Dicaearchus of Messana, Text, Translation, and Discussion, New Brunswick – London 2001, 195–236.

E. Zeller, Die Philosophie der Griechen in ihrer geschichtlichen Entwicklung, 6 Bde., Leipzig 1919–1923[5-6] (= Darmstadt 2006[7]).

Studien zu einzelnen Weisen

Akusilaos:
F. Montanari, Akousilaos, DNP 1, 1996, 418–419.

Anacharsis:
C.-F. Collatz, Anacharsis, DNP 1, 1996, 639.
J. F. Kindstrand, Anacharsis, Uppsala 1981.

Anaxagoras:
C. Pietsch, Anaxagoras 2, DNP 1, 1996, 667–668.
M. Schofield, An Essay on Anaxagoras, Cambridge 1980.
D. Sider, The Fragments of Anaxagoras. Edited with an Introduction and Commentary, Meisenheim am Glan 1981.

Aristodemos:
B. Niese, Aristodemos 2, RE II 1, 1895, 920–921.

Bias:
K.-J. Hölkeskamp, Bias 2, DNP 2, 1997, 617.
I. M. Konstantakos, Anacharsis, Bias and the Seven Sages as Riddlers, WJA 29, 2005, 11–46.

Chilon:
B. Centrone, Cheilon de Sparte, in: R. Goulet (Ed.), Dictionnaire des philosophes antiques, Vol. 2: Babélyca d'Argos à Dyscolius, Paris 1994, Nr. 107, S. 304.
C. M. Stibbe, Chilon of Sparta, Mededelingen van het Nederlandsch Historisch Instituut tot Rome 46, 1985, 7–24.
K.-W. Welwei – W. D. Furley, Chilon 1, DNP 2, 1997, 1121–1122.

Epicharmos:
R. Kerkhof, Dorische Posse, Epicharm und Attische Komödie, München – Leipzig 2001.
H.-G. Nesselrath, Epicharmos, DNP 3, 1997, 1093–1095.

Epimenides:
H. Demoulin, Épiménide de Crète, Brüssel 1901 (repr. New York 1979).
R. Parker, Epimenides, DNP 3, 1997, 1144.

Kleobulos:
M. G. Albiani, Kleobulos 1, DNP 6, 1999, 576.

Lasos:
C. A. Privitera, Laso di Ermione nella cultura ateniese e nella tradizione storiografica, Rom 1965.

Linos:
J. N. Bremmer, Linos, DNP 7, 1999, 252–253.

Myson:
F. Pfister, Myson 1, RE XVI 1, 1933, 1192–1194.

Orpheus:

L. Brisson, Orphée et l'orphisme dans l'antiquité gréco-romaine, Aldershot 1995.
K. Ziegler, Orpheus, RE XVIII 1, 1939, 1200–1316 und 1321–1417.

Peisistratos:

K. Kinzl, Peisistratos 4, DNP 9, 2000, 483–484.
H. Sancisi-Weerdenburgh (Ed.), Peisistratos and the Tyranny. A Reappraisal of the Evidence, Amsterdam 2000.

Periandros:

B. Patzek, Periandros, DNP 9, 2000, 564–565.

Pherekydes:

L. Käppel, Pherekydes 1, DNP 9, 2000, 769–770.
H. S. Schibli, Pherekydes of Syros, Oxford 1990.

Pittakos:

J. Cobet, Pittakos, DNP 9, 2000, 1054–1056.

Pythagoras:

W. Burkert, Lore and Science in Ancient Pythagoreism, Cambridge Mass. 1972.
B. Centrone, Introduzione a i Pitagorici, Bari 1996.
C. Riedweg, Pythagoras. Leben, Lehre, Nachwirkung, München 2007².
B. L. van der Waerden, Die Pythagoreer. Religiöse Bruderschaft und Schule der Wissenschaft, Zürich – München 1979.

Solon:

B. Manuwald, Zu Solon's Gedankenwelt (frr. 3 und 1 G.-P. = 4 u. 13 W), RhM 132, 1989, 1–25.
M. Meier – E. Bowie, Solon 1, DNP 11, 2001, 705–710.
P. Oliva, Solon – Legende und Wirklichkeit, Konstanz 1988.

Thales:

G. Betegh, Thales, DNP 12/1, 2002, 236–238.
W. K. C. Guthrie (wie oben, S. 119), Vol. I, 45–71.

Studien zur Siebenzahl

F. von Andrian, Die Siebenzahl im Geistesleben der Völker, Mitteilungen der Anthropologischen Gesellschaft in Wien 31, 1901, 225–274.
E. Bischoff, Die Mystik und Magie der Zahlen, Berlin 1920.
F. C. Endres – A. Schimmel, Das Mysterium der Zahl. Zahlensymbolik im Kulturvergleich, Köln 1984.

J. H. Graf, Die Zahl «Sieben», Bern 1917.

F. P. Hager, Hebdomaden, Historisches Wörterbuch der Philosophie (HWPh) Bd. 3, 1974, 1022–1023.

G. Reinhold (Ed.). Die Zahl Sieben im Alten Orient. Studien zur Zahlensymbolik in der Bibel und ihrer altorientalischen Umwelt, Frankfurt am Main u. a. 2008.

W. H. Roscher, Die Sieben- und Neunzahl in Kultus und Mythus der Griechen, Leipzig 1904.

W. H. Roscher, Die Hebdomaden-Lehren der griechischen Philosophen und Ärzte, Leipzig 1906.

Studien zum kulturellen und politisch-sozialen Kontext des Lebens der Weisen im archaischen Griechenland

H. Berve, Die Tyrannis bei den Griechen, 2 Bde., München 1967.

W. Burkert, Die orientalisierende Epoche in der griechischen Religion und Literatur, Heidelberg 1984.

H. Fränkel, Wege und Formen frühgriechischen Denkens, München 1960².

H. Fränkel, Dichtung und Philosophie des frühen Griechentums, München 1969³.

R. Hirzel, Der Dialog, 2 Bde., Leipzig 1890.

K.-J. Hölkeskamp, Schiedsrichter, Gesetzgeber und Gesetzgebung im archaischen Griechenland, Stuttgart 1999.

L. de Libero, Die archaische Tyrannis, Stuttgart 1996.

M. Maaß, Das antike Delphi, München 2007.

Ph. B. Manville, The Origins of Citizenship in Ancient Athens, Princeton 1990.

R. Osborne, Greece in the Making, 1200–479 B. C., London 2009².

H. Shapiro, Art and Cult under the Tyrants in Athens, Mainz 1989.

B. Snell, Die Entdeckung des Geistes, Göttingen 1975⁴.

M. L. West, Early Greek Philosophy and the Orient, Oxford 1971.

M. L. West, The Orphic Poems, Oxford 1983 (repr. 1998).

Studien zu antiken Darstellungen und Abbildungen der Sieben Weisen

B. Andreae, Das Mosaik der Sieben Weisen aus Sarsina in der Villa Albani in Rom und sein Verhältnis zum Philosophenmosaik aus Pompei im Nationalmuseum in Neapel, in: T. Ganschow et al (Ed.), Otium. Festschrift für Volker Strocka, Remshalden 2005, 9–14.

F. Brommer, Zu den Bildnissen der sieben Weisen, AA 1973, 663–670.

J. R. Clarke, High and Low: Mocking Philosophers in the Tavern of the Seven Sages, Ostia, in: E. d'Ambra – G. P. R. Métraux (Ed.), The Art of Citizens, Soldiers and Freedmen in the Roman World, Oxford 2006, 47–57.

S. Djuric, Mosaic of Philosophers in an Early Byzantine Villa at Nerodimlje, in: VI. Coloquio Internacional sobre Mosaico Antiguo (Palencia – Mérida 1990), Guadalajara 1994, 123–134.

B. C. Ewald, Der Philosoph als Leitbild. Ikonographische Untersuchungen an römischen Sarkophagreliefs, Mainz 1999.

H. von Heintze, Zu den Bildnissen der sieben Weisen, in: U. Höckmann – A. Krug (Ed.), Festschrift für Frank Brommer, Mainz 1977, 163–173 (= von Heintze 1977a).

H. von Heintze, Die erhaltenen Darstellungen der sieben Weisen, Gymnasium 84, 1977, 437–443 (= von Heintze 1977b).

G. López Monteagudo – M. P. San Nicola Pedraz, Los Sabios y la ciencia en los mosaicos romanos, in: M. Khanoussi u. a. (Ed.), L'Africa romana. Atti del' XI convegno di studio, Cartagine 1994 (1996), 71–110.

T. Lorenz, Galerien von griechischen Philosophen- und Dichterbildnissen bei den Römern, Mainz 1965.

G.M.A. Richter, The Portraits of the Greeks, Bd. 1: Introduction. The Early Period. The Fifth Century, London 1965.

T. Weigel, Der Helmstedter Schmuckfußboden mit den Sieben Weisen, in: J. Gerchow (Ed.), Das Jahrtausend der Mönche. Kloster Welt Werden 799–1803, Köln 1999, 197–203.

Abbildungsverzeichnis

Personen-, Orts- und Begriffsregister

C.H.BECK ■ WISSEN

in der Beck'schen Reihe

Zuletzt erschienen: